AF192508

C COLECCIÓN ESTUDIOS LABORALES

Tiempo de trabajo, tiempo de descanso y tiempo de presencia.

Normativa y jurisprudencia
europea y española

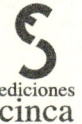

ediciones
cinca

COLECCIÓN ESTUDIOS LABORALES
EDICIONES CINCA
N.º 46

© Luis Pérez Capitán

© DE ESTA EDICIÓN:
Ediciones Cinca, S. A.

Reservados todos los derechos.

Cualquier forma de reproducción, distribución, comunicación pública o transformación de esta obra solo puede ser realizada con la autorización de sus titulares, salvo excepción prevista por la ley. Diríjase a CEDRO (Centro Español de Derechos Reprográficos) si necesita reproducir algún fragmento de esta obra (www.conlicencia.com ; 91 702 19 70 / 93 272 04 47).

La responsabilidad de las opiniones expresadas en esta obra incumbe exclusivamente a sus autores y su publicación no significa que Ediciones Cinca se identifique con las mismas.

Ilustración de cubierta:
Juan Vidaurre

DISEÑO DE LA COLECCIÓN:
Juan Vidaurre

PRODUCCIÓN EDITORIAL,
COORDINACIÓN TÉCNICA
E IMPRESIÓN:
Grupo Editorial Cinca
C/ General Ibáñez Íbero, 5A
28003 Madrid
Tel.: 91 553 22 72
grupoeditorial@edicionescinca.com
www.edicionescinca.com

DEPÓSITO LEGAL: M-7866-2024
ISBN: 978-84-10167-08-7

LUIS PÉREZ CAPITÁN

Tiempo de trabajo, tiempo de descanso y tiempo de presencia.

Normativa y jurisprudencia
europea y española

ediciones
cinca

A Joaquín, por su entusiasmo y apoyo.

ÍNDICE

Prólogo

No es este el primer libro de mi amigo Luis Pérez Capitán que presento, pero tal vez sea uno de los más técnicamente complejos que el autor ha puesto a nuestra disposición, en cuanto aborda en profundidad una cuestión en la cual la doctrina española, si bien expone, no suele centrarse: la confrontación entre el Derecho Social Comunitario y el Derecho español del Trabajo y las dificultades y resistencias que nuestras normas y tribunales muestran ante la necesaria integración de éste en aquél.

En este caso, la materia objeto de la obra versa sobre la problemática alrededor de la concepción de tiempo de trabajo y tiempo de descanso. Conflicto constante en el ámbito del Derecho del Trabajo que se enreda aún más ante la aparición de géneros «intermedios» como el tiempo de presencia o tiempo de guardia, relacionados con las necesidades productivas y organizativas de ciertos sectores y actividades. Ello condujo a que durante décadas la normativa y doctrina judicial española elaborase una sistematización jurídica propia acerca de las nociones reseñadas. Esa normativa y doctrina tuvieron y tienen una importante virtualidad práctica para empresas, trabajadores y agentes jurídicos en cuanto determinaron de forma genérica, pero sobre todo casuística y concreta, la calificación de ciertos periodos de tiempo en conflicto para la consideración del cómputo de la jornada laboral máxima, la existencia de horas extraordinarias, el percibo de retribuciones por su prestación, articulación de descansos, etc. En suma, estamos ante un aspecto esencial en la construcción técnica y sobre todo real, vivida, del Derecho del Trabajo.

Frente a la regulación y doctrina judicial «nacional», en el ámbito comunitario a través de las Directivas Comunitarias que se desmenuzan en la obra se construyó un modelo propio conceptual en el que las nociones de tiempo de trabajo y tiempo de descanso, a salvo de las excepciones que Pérez Capitán analiza con detenimiento y muestra con claridad, se articulan mediante criterios muy diversos a los clásicos que regían la regulación y doctrina judicial española.

El valor que tiene este libro de Luis Pérez Capitán es mostrarnos los ejes de la confrontación y llevarnos a través del ingente material jurídico manejado y adecuadamente clasificado que pone a nuestra disposición (normativa europea y española, doctrina judicial comunitaria y nacional) a la explicación de los nada escasos cambios que la necesaria adaptación a la jurisprudencia y normativa comunitaria ha producido en nuestro Derecho Social. Pero también a la exposición de las diferencias y resistencias intencionadas o no que la doctrina judicial española ha construido respecto a la doctrina judicial comunitaria.

Como siempre, Pérez Capitán nos acompaña para la comprensión y adecuado conocimiento del tema de una exposición normativa y jurisprudencial detallada y ordenada, a la vez que profunda y minuciosa, que escarba en matices que pueden parecer no esenciales pero que tienen, como muestra el autor, una grave repercusión en la resolución de cuestiones básicas en uno de los elementos esenciales de la relación laboral: la jornada de trabajo.

El lector de esta obra podrá acercase a la misma con diversas actitudes, a la búsqueda de la resolución del caso concreto, para lo cual la ordenada clasificación de normativa y jurisprudencia será de máxima utilidad o, si prefiere una mayor profundización, le llevará a la comprensión de la realidad de las dificultades que la aplicación del Derecho Social Comunitario tiene en nuestro país a través de la confrontación entre modelos de pensamiento jurídico basados en criterios claramente diversos. En todo caso, una obra que merece ser leída.

José Luis Goñi Sein
Catedrático de Derecho del Trabajo
y de la Seguridad Social
Universidad Pública de Navarra

1. Introducción. El nacimiento de la regulación del tiempo de trabajo

La regulación del tiempo de trabajo es una de las bases del Derecho del Trabajo, configurando el mismo comienzo de la legislación laboral en su vertiente de condición limitativa como una necesaria secuela de los derechos del trabajador[1]. Y es que el control del tiempo de trabajo ha sido, desde el inicio del sistema capitalista, un elemento de confrontación, dada la diversidad de intereses al respecto[2]. Confrontación de ideas y posiciones que no ha cesado en los últimos años con propuestas[3] que se basan esencialmente en la reducción de la jornada como herramienta con la que se cumplen múltiples objetivos: el reparto del trabajo concebido como bien escaso, la adecuación del tiempo de trabajo al incremento de la productividad de las últimas décadas, la distribución de la riqueza en cuanto la fórmula no suponga una disminución salarial, el aumento de las posibilidades de conciliación de la vida personal y familiar[4], etc.

---

[1] A título de ejemplo, en lo que podemos considerar como Derecho Social moderno: las ocho horas para los obreros del Estado en 1902, nueve horas en 1910 en el trabajo en las minas, diez horas en 1912 para el trabajo textil, que en 1918 se aplicará al comercio, y ocho horas en marzo de 1919 a la industria de edificación, MARTÍN-GRANIZO, L. y GONZÁLEZ-ROTHVOSS, M., *Derecho Social,* Reus, Madrid, 1936, 3.ª edición, p. 266. Así lo reseña en general la doctrina: «La limitación de las horas de trabajo constituye una de las primeras manifestaciones», MONREAL, E., *La jornada de trabajo: Ley y convenio colectivo,* Madrid, CES, 2005: «La ordenación del tiempo de trabajo es una de las instituciones clásicas del Derecho del Trabajo. Sin duda, siempre ha sido uno de los núcleos centrales de la intervención legislativa en el ámbito del contrato de trabajo y ha supuesto un índice de seguimiento de la propia evolución del Derecho del Trabajo.» LÓPEZ AHUMADA, E., *Tiempo de trabajo y economía digital*, Madrid, Cinca, 2023, p. 15.

[2] «La aproximación histórica ha hecho evidente la importancia del tiempo de trabajo como núcleo de poder dentro del mundo laboral y de las sociedades contemporáneas. Hecho que hace falta remarcar porque, en este último periodo, empieza a fijar las prioridades en los debates de la agenda política de los diferentes actores sociales y especialistas. Debates y actuaciones que, habitualmente, buscan alternativas que sitúan el tiempo de trabajo como centro de las actuaciones destinadas, de una u otra manera, a la redistribución de la riqueza y bienestar.» RECIO, C.; TORNS, T.; BORRÀS, V. y MORENO, S., *La regulación del tiempo de trabajo en la Unión Europea, Papeles de relaciones ecosociales y cambio global,* núm. 108 2009, p. 80.

[3] Un resumen de algunas de las más importantes de finales del siglo XX y principios del XXI —35 horas semanales francesa, 6+6 finlandés, el *«work and life Balance»* del laborismo bajo Tony Blair—, en RECIO, C.; TORNS, T.; BORRÀS, V. y MORENO, S., *op. cit.*, pp. 81-87.

[4] En esta materia, puede consultarse el trabajo SERVICIO DE ESTUDIOS DE LA CONFEDERACIÓN UGT, *Por una jornada laboral de 32 horas semanales,* 40 páginas, especialmente en las pp. 19-27 (razones de una reducción) en el blog del mismo organismo, (Disponible en página web a fecha 4 de abril del 2022).

Y si bien existen ejemplos preindustriales de restricciones a la extensión de la prestación laboral en el tiempo[5], es con el comienzo de la legislación laboral cuando nace realmente este sector regulatorio, configurándose como especialmente conflictivo desde el comienzo de su regulación[6].

En el ámbito del Derecho Internacional del Trabajo, la implantación de una jornada máxima fue uno de los ejes de la política laboral internacional desde la finalización de la I Guerra Mundial[7], sobre la base de la labor de la OIT[8] al respecto.

También, en las declaraciones internacionales de mayor rango referidas a los derechos sociales, no falta la referencia al tiempo de trabajo, especialmente en lo que concierne a la necesaria limitación del mismo[9] en sus diferentes variantes (res-

---

[5] Citan MARTÍN-GRANIZO y GONZÁLEZ-ROTHVOSS la legislación de Indias y la Ordenanza Laboral Municipal de Zaragoza de 1577 con una limitación de ocho horas en el campo, MARTÍN-GRANIZO, L. y GONZÁLEZ-ROTHVOSS, M., *Derecho Social, op. cit.,* p. 266.

[6] Y así, la abundante jurisprudencia nacida de la aplicación de la Ley de Jornada de Trabajo, 1 de julio de 1931, que impone para los asalariados, y obreros de la industria y oficios, así como dependencias del Estado la jornada máxima general de 8 horas. Como ejemplo del cambio de mentalidad y circunstancias que se han sucedido en el tiempo, léase la reseña de la Sentencia del Tribunal Supremo de 17 de febrero de 1934 respecto a trabajo a destajo y la aplicación de la limitación referida: «En el trabajo a destajo o por unidad de obra no cabe admitir la imposibilidad legal que se verifique en otras condiciones de duración que el efectuado jornal, ni sería razonable que se hiciera dada la índole de ciertos trabajos refractarios a regulación horaria.», recuperada de la obra MEDINA Y MARAÑÓN, *Leyes sociales de España,* Reus, Madrid 1943, pp. 169 y 170.

[7] HERNAINZ, M., *Tratado Elemental del Derecho del Trabajo,* Instituto de Estudios Políticas, Madrid, 1977, volumen I, pp. 589-590.

[8] El primer Convenio de la OIT, Convenio sobre las horas de trabajo en la industria, adoptado en 1919 y ratificado por España en 1929, establece para las empresas industriales una duración máxima del trabajo del personal no superior a ocho horas por día y cuarenta y ocho horas a la semana —art. 2—. Sin embargo, las amplias excepciones establecidas en el propio precepto y siguientes flexibilizaron en gran medida la exigencia limitativa.
Puede consultarse un listado de los convenios de la OIT sobre tiempo de trabajo en https://www.ilo.org/global/standards/subjects-covered-by-international-labour-tandards/working-time/lang--es/index.htm (Disponible en página web el 6 de abril del 2023). Y es que desde su creación en 1919 la OIT, ya en el preámbulo del documento fundacional hace referencia a la «reglamentación de las horas de trabajo, incluyendo la fijación de la duración máxima de la jornada y de la semana de trabajo» a ocho horas diarias y 48 horas semanales. En total, son treinta y nueve las normas de la OIT que influyen en la ordenación del tiempo de trabajo, abarcando los periodos de descanso diarios y semanales (ocho horas al día y cuarenta horas por semana), los periodos de descanso semanal de 24 horas como mínimo, el derecho a un periodo mínimo de tres semanas de vacaciones por año, un derecho mínimo a tres semanas de vacaciones anuales, así como disposiciones relativas al trabajo nocturno, el trabajo a tiempo parcial y los trabajadores con responsabilidades familiares.» EUROPEAN TRADE UNION CONFEDERATION (ETUC), *Los derechos fundamentales y la directiva sobre el tiempo de trabajo,* en https://www.etuc.org/sites/default/files/A_TT_droits_fond_ES_1.pdf, pp. 3 y 4 (Disponible en página web el 8 de abril del 2023).

[9] Por ej.: art. 24 de la Declaración Universal de los Derechos Humanos: «Toda persona tiene derecho al descanso, al disfrute del tiempo libre, a una limitación razonable de la duración del trabajo y a vacaciones periódicas pagadas» y art. 7 del Pacto Internacional de Derechos Económicos, Sociales y Culturales: «Los Estados Partes en el presente Pacto reconocen el derecho de toda persona al goce de condiciones de trabajo equitativas y satisfactorias que le aseguren en especial: (…) d) El descanso, el disfrute del tiempo libre, la limitación razonable de las horas de trabajo y las vacaciones periódicas pagadas, así como la remuneración de los días festivos.» Al res-

tricción de la limitación de jornada, vacaciones pagadas, y descanso semanal y entre jornadas).

Y, en el derecho social comunitario propio del espacio de la Unión Europea, no podía faltar la referencia al tiempo de trabajo.

pecto puede verse: MARTÍN RODRÍGUEZ, O., «Las directrices de la Unión Europea sobre tiempo de trabajo, su interpretación por el Tribunal de Justicia y sus repercusiones en el sistema español». *Revista Española de Derecho del Trabajo*, 2017, núm. 194 (enero), p. 2.

2. El acercamiento del Derecho Comunitario al tiempo de trabajo

El acercamiento a la regulación del tiempo de trabajo por parte de las instituciones comunitarias fue tardío, como lo fue el interés en el ámbito de los derechos sociales, más ocupada la antigua Comunidad Económica Europea en construir un espacio económico y de tráfico de personas y bienes sin limitaciones que en la estructuración de espacio social común. Ello no significa la ausencia absoluta de textos relativos a esta cuestión en el ámbito europeo[1].

En el ámbito de la Unión Europea, la preocupación normativa respecto al tiempo de trabajo, como un correlato más del olvido del ámbito social, es excesivamente cercana en el tiempo, a salvo de algunas genéricas e insuficientes referencias en la Carta Social Europea o de Turín de 18 de octubre de 1961[2] que fueron revisadas y ampliadas en Estrasburgo el 3 de mayo 1996[3]. A ello, cabría añadir, algunos textos[4] de reducida importancia dada su ausencia de valor vinculante[5], pero que iniciaron el camino a la regulación comunitaria que seguidamente expondremos.

---

[1] Baste la reseña contenida, si bien sobre algunos de estos textos efectuaremos una mayor mención, en MARTÍN RODRÍGUEZ, O., a cuya lectura nos remitimos «Las directrices de la Unión Europea sobre tiempo de trabajo, su interpretación por el Tribunal de Justicia y sus repercusiones en el sistema español», *op. cit.*

[2] *Confer* art. 2.º de dicho instrumento en su redacción de 1961.

[3] *Confer* artículo 2.º.

[4] Se sigue en este párrafo a REYES RUEDA, F. *Ordenación del tiempo de trabajo y Unión Europea,* Universidad de Alcalá, Alcalá de Henares, 2020, pp. 6-9.

[5] La Recomendación del Consejo relativa al principio de la semana de cuarenta horas y el principio de cuatro semanas de vacaciones anuales retribuidas 75/457/CEE, de 22 de Julio de 1975; o la Resolución del Parlamento Europeo, de 15 de marzo de 1989 sobre la dimensión social del mercado interior que contiene consideraciones de interés acerca de la necesidad del progreso en las condiciones de vida y trabajo, para lo cual se considera necesaria la regulación del tiempo de trabajo; o, el Dictamen del Comité Económico y Social sobre los derechos sociales fundamentales comunitarios aprobado en sesión plenaria el 22 de febrero de 1989 —entre los que recoge el derecho al descanso semanal y a vacaciones anuales—. Textos, reiteremos, no vinculantes.

En la actualidad, en el marco de la Unión Europea, el derecho a la limitación de la duración máxima del trabajo y a periodos de descanso diarios y semanales, así como a un periodo de vacaciones anuales retribuidas, está incluido en la Carta de los Derechos Fundamentales de la Unión Europea —art. 31[6]—.

«1. Todo trabajador tiene derecho a trabajar en condiciones que respeten su salud, seguridad y dignidad. 2. Todo trabajador tiene derecho a la limitación de la duración máxima del trabajo y a períodos de descanso diarios y semanales, así como a un período de vacaciones anuales retribuidas.»

Merece la pena detenerse en este último texto puesto que los efectos del reconocimiento de los derechos contenidos en el art. 31 son de suma importancia, en cuanto que la Carta de Derechos Fundamentales de la Unión Europea es un instrumento de directa aplicación y obligatorio cumplimiento con valor jurídico asimilable al de los Tratados[7]. Y es que no estamos ante un catálogo meramente enunciativo de derechos retóricos, sino un texto normativo que al entender de la doctrina explica, por ejemplo, la restrictiva interpretación que ha efectuado el Tribunal de Justicia de la Unión Europea —desde ahora, TJUE— de los límites al derecho al descanso previstos en la normativa comunitaria[8].

---

[6] Un comentario al mismo: LÓPEZ, M., Comentario al art. 31, en la obra colectiva dirigida por MANGAS, A., *Carta de los Derechos Fundamentales de la Unión Europea. Comentario artículo por artículo,* Madrid, Fundación BBVA, 2008, pp. 541-547.

[7] MANGAS MARTÍN, A., «El compromiso con los derechos fundamentales», en la obra colectiva dirigida por la autora, *Carta de los Derechos Fundamentales de la Unión Europea. Comentario artículo por artículo,* Fundación BBVA, Madrid, 2008, p. 65. El TJUE es terminante al respecto, véase STJUE, Gran Sala, de 14 de mayo del 2019, C 55-18, asunto CCOO Y DEUTSCHE BANK, S.A.E., apartados 30 y 31.
Una posición más matizada al respecto puede verse en RODRÍGUEZ-PIÑERO, donde el autor, si bien reconoce el cambio en la jurisprudencia en esta cuestión. Al respeto, RODRÍGUEZ-PIÑERO, M., «La Carta de Derechos Fundamentales de la Unión Europea, ámbito de aplicación y eficacia», en la obra colectiva *Derecho Social de la Unión Europea. Aplicación por el Tribunal de Justicia,* Madrid, Agencia estatal del BOE y FIDE, 2023, volumen I, pp. 121 y 140

[8] LÓPEZ, M., «Comentario al art. 31», en la obra colectiva dirigida por MANGAS, A., *Carta de los Derechos Fundamentales de la Unión Europea. Comentario artículo por artículo,* 2008, Fundación BBVA, Madrid, p. 544.

3. La normativa comunitaria específica sobre el tiempo de trabajo: La Directiva 2003/88/CE del Parlamento Europeo y del Consejo, de 4 de noviembre de 2003, como eje de la normativa comunitaria[1]

La primera norma comunitaria[2], sobre el tiempo de trabajo nace vinculada a las condiciones de seguridad y salud en el trabajo[3] y no a las condiciones de empleo o de trabajo de forma genérica tales como el salario o el derecho a un despido motivado. Es decir, conectada, como confirmó el entonces Tribunal de Justicia de la Comunidad europea[4], a lo que hoy denominamos comúnmente Prevención

---

[1] DOUEL núm. 299 de 18 de noviembre de 2003.

[2] El camino hacia la Directiva 93/104/CE del Consejo, de 23 de noviembre, se inicia en 1990, cuando la Comisión presentó al Consejo la «Propuesta de Directiva relativa a determinados aspectos de la distribución del tiempo de trabajo». La propuesta de 1990 se quedó bastante corta respecto al documento finalmente aprobado en 1993, véase al respecto: REYES RUEDA, F., *Ordenación del tiempo de trabajo y Unión Europea, op. cit.,* p. 10. De forma algo discutible, un sector de la doctrina, obviando la importancia de esta Directiva para el ámbito de la conciliación familiar, aun cuando no la mencione expresamente considera que es en el Consejo extraordinario de Empleo de Luxemburgo acaecido en 1997 donde se puede hallar la primera mención al tiempo de trabajo y conciliación MARTÍN RODRÍGUEZ, O., «Las directrices de la Unión Europea sobre tiempo de trabajo, su interpretación por el Tribunal de Justicia y sus repercusiones en el sistema español», *op. cit.*, sin página. En el mismo sentido, RECIO, C.; TORNS, T.; BORRÀS, V. y MORENO, S. «La regulación del tiempo de trabajo en la Unión Europea», *op. cit.,* p. 80.

[3] STJUE núm. 213/1996, de 12 de noviembre, C-84/1994, REINO UNIDO FRENTE AL CONSEJO. Al respecto puede verse la interesante nota 1 a pie de página de FERRADANS, C. «La controvertida reforma de la directiva sobre la ordenación del tiempo de trabajo», *Temas Laborales,* núm. 86/2006, p. 98, nota 1.

[4] En la STJUE núm. 213/1996, mencionada en la nota anterior, ser resuelve desfavorablemente el recurso de nulidad interpuesto por el Reino Unido, solicitando la nulidad de la Directiva 93/104/CE, ante el TJUE al considerar que el art. 118 A en la versión anterior al Tratado de Ámsterdam de 1997 no podía ser la base de la Directiva 93/104/CE, basándose en el tiempo de trabajo forma parte de las condiciones de trabajo y no de la seguridad y salud, siendo su razonamiento principal el hecho de que el tiempo de trabajo no se incardina en la seguridad y salud, sino entre las condiciones de trabajo. La ya citada STJUE núm. 213/1996. afirma de forma tajante que lo que regula la Directiva es la seguridad, la higiene y la salud de los interpretada de forma amplia. FERRADANS CARAMES, C., «La controvertida reforma de la Directiva sobre la Ordenación del Tiempo de Trabajo», *op. cit.*, p. 98, nota 1.

de Riesgos Laborales, como un desarrollo del art. 118 A del Tratado Constitutivo de la Unión Europea que mandata al Consejo para promover mediante Directiva un nivel adecuado de seguridad y salud de las personas trabajadoras.

Las Directivas en materia de tiempo de trabajo son concebidas como Directivas específicas que desarrollan aspectos cualitativos de la Directiva base, la Directiva del Consejo, de 12 de junio de 1989, relativa a la aplicación de medidas para promover la mejora de la seguridad y de la salud de los trabajadores en el trabajo[5].

Son notas esenciales para la comprensión de la posición del TJUE sobre esta materia que la normativa de tiempo de trabajo forma parte de la normativa sobre seguridad y salud, y que éste segmento del ordenamiento jurídico debe entenderse de forma amplia a la hora de interpretarse en beneficio del trabajador, lo que incluye el mantenimiento de una expansiva consideración del trabajador incluido en su ámbito de aplicación, como, a la inversa, de interpretación restrictiva de las excepciones y exclusiones a su aplicación[6].

3.1. El antecedente: La Directiva 93/104/CE del Consejo, de 23 de noviembre de 1993, relativa a determinados aspectos de la ordenación del tiempo de trabajo[7]

La Directiva 93/104/CE del Consejo, de 23 de noviembre de 1993, relativa a determinados aspectos de la ordenación del tiempo de trabajo es realmente la primera norma europea destinada a la regulación del tiempo de trabajo de forma general y en cierto modo completa.

La citada Directiva estableció para todos los sectores públicos o privados, con algunas importantes excepciones[8], una serie de reglas mínimas en relación —art. 1.2 de la Directiva— a ciertas materias fundamentales: períodos mínimos de descanso diario, descanso semanal y de vacaciones anuales; pausas y duración máxima de trabajo semanal; así como a determinados aspectos del trabajo nocturno, del trabajo por turnos y del ritmo de trabajo. Con la Directiva 93/104/CE, la regulación comunitaria se produce, aun tardíamente, entrada ya la década de los no-

---

[5] DOCE núm. 183, de 29 de junio de 1989, pp. 1-8.
[6] STJUE de 3 de octubre del 2000, C-3030/98, asunto SIMAP, apartados 34 y 35, interpretando el ámbito de la Directiva 93/104 y STJUE, Gran Sala, de 5 de octubre del 2004, asuntos acumulados C-397/01 a C-403/01, asunto PFEIFFER y otros, apartado 52.
[7] DOCE núm. 307, de 13 de diciembre de 1993, pp. 18-24.
[8] Con las excepciones contempladas en el art. 1.3 «transporte por carretera, aéreo, por ferrocarril, marítimo, de la navegación interior, de la pesca marítima, de otras actividades marítimas y de las actividades de los médicos en formación».

venta, un enorme salto en la protección de los derechos de las personas trabajadoras, cubriendo un ámbito hasta ese momento olvidado por el legislador comunitario.

La Directiva 93/104/CE sigue la tradicional estructura de la Directivas europeas. De esta forma, en primer lugar, ofrece, a fin de homogeneizar e identificar claramente para todos los países de la Unión la regulación objeto de su atención, una serie de conceptos a los efectos de la misma, en los que nos interesa destacar el de tiempo de trabajo, definido en su art. 2 como: «todo período durante el cual el trabajador permanezca en el trabajo, a disposición del empresario y en ejercicio de su actividad o de sus funciones, de conformidad con las legislaciones y/o prácticas nacionales».

No obstante, este concepto de tiempo de trabajo que instaura la Directiva 93/104/CE, que luego se mantendrá en la Directiva 2003/88/CE, no es absolutamente prístino y da lugar a un nivel elevado de incertidumbre, lo que abonará la creación de una importante doctrina judicial en torno a su interpretación[9]. Doctrina que se constituirá en una herramienta esencial a la hora de entender la jurisprudencia comunitaria elaborada por el Tribunal de Justicia de la Unión Europea al respecto. La exposición del contenido de esta Directiva la relegamos a la enunciación de la normativa actual puesto que a salvo de algunos cambios, en realidad, el contenido de ésta sigue constituyendo la piedra angular de la normativa comunitaria sobre tiempo de trabajo.

3.2. Exposición de la Directiva 2003/88/CE del Parlamento Europeo y del Consejo, de 4 de noviembre de 2003, relativa a determinados aspectos de la ordenación del tiempo de trabajo[10]

A la Directiva 93/104CE, seguirá la Directiva 2003/88/CE del Parlamento Europeo y del Consejo de 4 de noviembre de 2003, relativa a determinados aspectos de la ordenación del tiempo de trabajo que, sobre la misma base jurídica que la Directiva 93/2004, procede al establecimiento de condiciones mínimas adecuadas de seguridad y salud en el trabajo en el sector del tiempo de trabajo[11]. La sucesión normativa no justifica aquellas posiciones doctrinales que, sin fundamento claro,

---

[9] Así, se ha reseñado que no está claro que los tres presupuestos sobre los que gira el concepto de tiempo de trabajo en la Directiva —espacial, de autoridad y profesional— deben concurrir o darse de alguna forma concreta por separado para concretar aquel, REYES RUEDA, F., *Ordenación del tiempo de trabajo..., op. cit.,* p. 24.

[10] DOUE núm. 299, de 18 de noviembre de 2003.

[11] Confer, puntos (2) y (4) de los considerandos de la Directiva citada.

advierten en aquella un pretendido giro de la normativa sobre tiempo de trabajo hacia la perspectiva de las «condiciones de trabajo en general»[12], y el consiguiente abandono de su naturaleza preventiva, cuando son constantes las referencias explícitas en los considerandos de inicio del texto, y en su propia justificación a la seguridad y salud de los trabajadores[13].

En efecto, la Directiva 2003/88/CE mantiene la regulación anterior y, con ella, el concepto de tiempo de trabajo de la anterior Directiva 93/104 —art. 2 1)—, pero, eso sí, con los cambios que resultan de la integración de la Directiva 2000/34/CE del Parlamento Europeo y del Consejo, de 22 de junio de 2000, por la que se modifica la Directiva 93/104/CE del Consejo relativa a determinados aspectos de la ordenación del tiempo de trabajo, para incluir los sectores y las actividades excluidos de dicha Directiva[14, 15].

3.2.1. El ámbito de la Directiva 2003/88/CE

La consideración amplia de la aplicación de la Directiva 2003/88/CE

Como hemos reseñado anteriormente, el ámbito de las Directivas sobre tiempo de trabajo está estrechamente vinculado al de la denominada Directiva de base o marco[16], y es en ella donde se encuentra el fundamento para la amplitud de su ám-

---

[12] «(…) pero esta nueva versión de 2003 ya no se sustenta en la regulación de la seguridad y salud de los trabajadores (aunque sea también uno de sus objetivos) sino en la regulación de las condiciones de trabajo en general y en concreto, así como su propio título indica *"relativa a determinados aspectos de la ordenación del tiempo de trabajo"*. Del mismo modo, como ya he mencionado, esta nueva redacción se dirige a hacer posible una mejor adaptación del tiempo de trabajo a la actual economía flexible, por ese motivo la propia Directiva establece lo siguiente: *"es necesario establecer que los Estados miembros o los interlocutores sociales, según los casos, puedan establecer excepciones a determinadas normas de la presente Directiva"*». MARTÍN RODRÍGUEZ, O., *op. cit.*, sin página. No se comprenden los argumentos de la autora, en primer lugar, porque no existe un cambio de nombre respecto de la Directiva anterior.

[13] Por ej.: Considerandos Segundo, «El artículo 137 del Tratado establece que la Comunidad apoyará y completará la acción de los Estados miembros, con vistas a mejorar el entorno de trabajo, para proteger la salud y la seguridad de los trabajadores. Las directivas adoptadas en virtud de lo dispuesto en dicho artículo habrán de evitar el establecimiento de trabas de carácter administrativo, financiero y jurídico que obstaculicen la creación y el desarrollo de pequeñas y medianas empresas»; Tercero, «Las disposiciones de la Directiva 89/391/CEE del Consejo, de 12 de junio de 1989, relativa a la aplicación de medidas para promover la mejora de la seguridad y de la salud de los trabajadores en el trabajo, se continúan aplicando plenamente a los ámbitos que cubre la presente Directiva, sin perjuicio de disposiciones más rigurosas y/o específicas contenidas en la misma»; y Cuarto «La mejora de la seguridad, de la higiene y de la salud de los trabajadores en el trabajo representa un objetivo que no puede subordinarse a consideraciones de carácter puramente económico».

[14] DOCE núm. 195, de 1 de agosto de 2000.

[15] Propiciada para extender el ámbito, incluyendo a los trabajadores móviles del sector de transportes de pasajeros y mercancías, por cualquiera vía aérea, de carretera o nave. FERRADANS CARAMES, C. *La controvertida reforma…, op. cit.*, p. 99.

[16] «(…) para determinar si una actividad como la de los médicos de Equipos de Atención Primaria está comprendida dentro del ámbito de aplicación de la Directiva 93/104, procede examinar previamente si dicha actividad

bito. Sobre el ámbito de la Directiva 2003/88/CE, al igual que acaeció respecto la Directiva 93/104/CE, se ha vertido una importante e ingente doctrina judicial comunitaria que ha interpretado de forma amplia aquel en los dos sentidos arriba expuestos: —interpretación expansiva del concepto de trabajador y restrictiva de las excepciones a la aplicación de la Directiva—. Y, así:

- El ámbito de la Directiva 2003/88/CE se interpreta de modo amplio al igual que el ámbito de la Directiva Marco 89/391/CE[17], de la cual deriva la primera al estar ambas concebidas para la mejora de la salud y seguridad de las personas trabajadoras[18].

- Las constricciones y excepciones a la aplicación de las reglas generales de la Directiva 2003/88, habrán de interpretarse de forma restrictiva[19]. Las excepciones solo serán las enunciadas clara y taxativamente por la propia normativa comunitaria, sin posibilidad de interpretación analógica o extensiva[20].

La Directiva vigente, confirmando los cambios operados por la Directiva 2000/34/CE, amplía el ámbito subjetivo y funcional de la Directiva 93/104/CE respecto actividades y profesiones excluidas en la Directiva anterior en su art. 1.3[21], que sí incluirá la actual regulación, manteniendo, no obstante, exclusiones generales anteriores[22] —ejecutivos, trabajadores en régimen familiar, trabajadores en actividades religiosas— y un régimen muy amplio de flexibilidad o atemperación de aplicación de sus exigencias generales en ciertas sectores, actividades y circunstancias en muchos casos bajo la condición de la decisión expresa del Estado Miembro al respecto[23].

---

está comprendida dentro del ámbito de aplicación de la Directiva de base», STJUE de 3 de octubre del 2000, C-3030/98, asunto SIMAP, apartados 34 y 35, interpretando el ámbito de la Directiva 93/104. En idéntico sentido, ATJUE de 3 de julio de 2001, C-241/99, asunto CIGA Y SERGAS, respecto del personal de enfermería de primeros auxilios, apartado 29.

[17] STJUE, de 3 de mayo de 2012, C-337/10, asunto NEIDEL, apartado 21, solo admitiéndose las excepciones a su campo de aplicación fundadas en la protección de la seguridad, la salud y el orden público ante la concurrencia de situaciones de gravedad e importancia extraordinaria.

[18] STJUE, Gran Sala, de 5 de octubre del 2004, asuntos acumulados C-397/01 a C-403/01, asunto PFEIFFER y otros, apartado 59.

[19] STJUE, de 3 de octubre del 2000, C-303/98, asunto SIMAP, apartado 35.

[20] STJUE, Gran Sala, de 5 de octubre del 2004, asuntos acumulados C-397/01 a C-403/01, asunto PFEIFFER y otros, apartado 52 y 59.

[21] Confer, FERRADANS, C., op. cit., pp. 97 y 98.

[22] Art. 17, de igual número, de la Directiva 104/93.

[23] Art. 17 en sus números 1 y 2.

Se aplica la Directiva 2003/88/CE, en principio a todos los sectores y actividades, en las que estén empleados funcionarios o relaciones laborales, ya públicas o privadas, incluidas las sanitarias[24], a salvo de ciertas peculiaridades o exclusiones como las fuerzas armadas, policía o ámbitos específicos de servicios de protección civil[25]. Pero, incluso en el caso de los servicios públicos de peculiar naturaleza como el de la policía, la Directiva 2003/88/CE rige, sin perjuicio, de los matices propios de la actividad[26], solo admitiendo las excepciones derivadas de «acontecimientos excepcionales, como catástrofes naturales o tecnológicas, atentados o accidentes graves, cuya gravedad y magnitud requieran la adaptación de medidas indispensables para la protección de la vida, de la salud y de la seguridad colectiva». Es la concurrencia de las circunstancias extraordinarias enunciadas la que justifica la inaplicación de las normas de prevención, de seguridad y salud para estos colectivos específicos[27]. Todo ello por aplicación de la regulación de la Directiva Marco 89/391/CE, de la cual la Directiva 2033/88/CE, como ya hemos reseñado, es un producto normativo derivado. Por tanto, incluso respecto de los colectivos que podríamos calificar como especiales por razón del objeto de su actuación o del tipo de vínculo que le une con su empleador, se ha impulsado una interpretación amplia, integradora de los empleados del sector público, como puede verse respecto a personal militar[28], al personal civil de servicio contra incendios[29], protección civil[30], médicos de equipos de atención primaria[31] y policía[32].

---

[24] ATJUE de 3 de julio de 2001, C-241/99, asunto CIGA Y SERGAS, apartado 27, respeto de los profesionales de enfermería de primeros auxilios Y STJUE de 3 de octubre del 2000, C-3030/98, asunto SIMAP, apartados 34 y 35, respecto del personal médico del mismo ámbito. Sin excepcionar al no haber hecho uso el Estado miembro de algunas de las excepciones previstas en el art. 17 de la Directiva 93/104/CE. «Respecto a la Directiva 93/104, del propio tenor de su artículo 1, apartado 3, se desprende que se aplica a todos los sectores de actividad, privados o públicos, mencionados en el artículo 2 de la Directiva 89/391», STJUE, Gran Sala, de 5 de octubre del 2004, asuntos acumulados C-397/01 a C-403/01, asunto PFEIFFER y otros, apartado 59.

[25] STJUE, de 3 de octubre del 2000, C-303/98, asunto SIMAP, apartado 32.

[26] STJUE, de 30 de abril de 2020, C-211/19, asunto KÉSZENLÉTI RENDŐRSÉG, apartados 31 a 41.

[27] STJUE, de 30 de abril de 2020, C-211/19, asunto KÉSZENLÉTI RENDŐRSÉG, apartado 42. En el mismo sentido, STJUE, Gran Sala, de 5 de octubre del 2004, asuntos acumulados C-397/01 a C-403/01, asunto PFEIFFER y otros, apartado 55.

[28] STJUE, de 15 de julio de 2021, C-742/19, asunto B.K./REPUBLIKA SLOVENIJA (MINISTRSTVO ZA OBRAMBO), 428, que concierne a la aplicabilidad de la Directiva sobre el tiempo de trabajo al personal militar. El Tribunal confirmó que, en principio, la citada Directiva es aplicable a dicho personal; sin embargo, determinadas actividades de los miembros de las fuerzas armadas pueden quedar excluidas del ámbito de aplicación de la Directiva.

[29] Así, en relación con miembros del servicio de protección frente a incendios, véase STJUE, de 21 de febrero del 2018, C-518/15, asunto MATZAK. Respecto de bomberos de retén: STJUE, de 11 de noviembre de 2021, C-214/20, asunto MG Y DUBLIN CITY COUNCIL. Respecto de los bomberos voluntarios a tiempo parcial: STJUE, de 7 de julio de 2022, C-377/21, asunto VILLE DE MONS.

[30] STJUE, Gran Sala, de 5 de octubre del 2004, asuntos acumulados C-397/01 a C-403/01, asunto PFEIFFER y otros, apartados 53 y 58. No se considera que la actividad de los socorristas que acompañan a ambulancias o a un vehículo de emergencia estén excluidos o excepcionados de la Directiva 2003/88/CE, sin que pueda incluirse esta actividad en el transporte por carretera que no incluye el servicio de asistencia médica urgente —apartado 74—.

[31] STJUE, de 3 de octubre del 2000, C-303/98, asunto SIMAP, apartados 37 y 38.

Y ello, insistamos de nuevo, sobre la base del objeto y del ámbito de la Directiva con la que se vincula la Directiva 2003/88/CE, la denominada Directiva base o Directiva 89/391/CEE del Consejo, de 12 de junio de 1989, dirigida a fomentar «la mejora de la seguridad y de la salud de los trabajadores en el trabajo»[33].

Y siempre, es evidente, sin diferenciar en función del carácter a tiempo completo o parcial de la relación[34] o entre los contratos temporales o indefinidos[35].

El ámbito de la Directiva marco vincula y determina el ámbito de las Directivas específicas y entre ellas el de la Directiva 2003/88/CE. E, igualmente, de esta forma, a pesar de la inexistencia de un concepto explícito, se mantiene una noción amplia de persona trabajadora. Sin que se permita que la misma quede al albur de la decisión, de la legislación del Estado Miembro[36].

En consecuencia, la exclusión por la legislación nacional de ciertos contratos de la aplicación de las reglas sobre el Derecho del Trabajo no condiciona la aplicabilidad de la Directiva 2003/88, por ejemplo, en el supuesto de los contratos de duración determinada del personal ocasional y de temporadas en los centros de vacaciones y de ocio, que son trabajadores a todos los efectos desde la perspectiva de la Directiva pese a la regulación francesa[37]. Adviértase, no obstante, que ciertas exclusiones deben ser puestas en conexión con la influencia que el derecho interno pueda tener en la aplicación del derecho comunitario[38].

---

[32] Policía de intervención rápida en fronteras, STJUE, de 30 de abril de 2020, C-211/19, asunto KÉSZENLÉTI RENDŐRSÉG, apartado 44. Para la cual es de aplicación la Directiva 2003/88/CE salvo que «se ponga de manifiesto que las misiones llevadas a cabo lo son en el marco de acontecimientos excepcionales, cuya gravedad y magnitud requieren la adopción de medidas indispensables para la protección de la vida, de la salud y de la seguridad colectiva y cuyo correcto cumplimiento se vería comprometido si debieran respetarse todas las normas contenidas en dicha Directiva...», apartado 52.

[33] STJUE, de 3 de octubre del 2000, C-303/98, asunto SIMAP, apartado 34.

[34] STJUE, de 7 de julio de 2022, C-377/21, asunto VILLE DE MONS, apartado 63.

[35] STJUE, 26 junio de 2001, BECTU, C-173/99, asunto BECTU, apartado 46.

[36] «(…) la Directiva 2003/88 no contiene ninguna remisión a esa disposición de la Directiva 89/391, ni a la definición del concepto de trabajador según resulta de las legislaciones y/o las prácticas nacionales. 28 De esa última observación se deduce que, a los efectos de la aplicación de la Directiva 2003/88, ese concepto no puede ser objeto de una interpretación variable según los Derechos nacionales, sino que tiene un alcance autónomo propio del Derecho de la Unión. Debe definirse según criterios objetivos que caracterizan a la relación laboral atendiendo a los derechos y los deberes de las personas interesadas. Pues bien, la característica esencial de la relación laboral radica en la circunstancia de que una persona realice, durante un cierto tiempo, en favor de otra y bajo la dirección de ésta, determinadas prestaciones a cambio de las cuales percibe una retribución.» STJUE de 14 de octubre del 2010, C-428/09, asunto ISERE, apartados 27 y 28.

[37] STJUE de 14 de octubre del 2010, C-428/09, asunto ISERE.

[38] Documento de CONSULTA PÚBLICA ACERCA DE LA REVISIÓN DE LA DIRECTIVA SOBRE EL TIEMPO DE TRABAJO (Declarado en web el 12 de agosto del 2023 en https://ec.europa.eu/social/main.jsp?langId=es&catId=82&newsId=2160&furtherNews=yes): «La aplicabilidad de la Directiva a los voluntarios puede variar de un Estado miembro a otro, ya que depende de si reúnen los requisitos para ser considerados «trabajadores con poder de decisión autónomo», de acuerdo con la definición de este concepto que es específica del Derecho de la UE y teniendo en cuenta su contrato de trabajo de conformidad con el Derecho interno aplicable y las prácticas y circunstancias de cada caso».

La articulación de las excepciones sectoriales en la Directiva 2003/88/CE

Desde la perspectiva sectorial, y aun dentro del campo de aplicación de la Directiva, el principio general es el carácter intersectorial de la Directiva y su interpretación de «manera amplia»[39]. De esta forma, para que la Directiva 2003/88/CE no sea de aplicación, deben de oponerse a ello «de manera concluyente las particularidades inherentes a determinadas actividades específicas»[40]. Y, para ello, la articulación no es sencilla:

- Concede en sus arts. 17.2 y 18[41], de forma similar pero más precisa y extensa que la regulación anterior[42], un papel importante a la negociación colectiva y al regulador nacional a la hora de excepcionar y flexibilizar, si bien a través de un intrincado mecanismo normativo[43], las prescripciones generales de la Directiva en materia de pausas de trabajo en la jornada diaria superior a seis horas, descanso semanal y entre jornada, duración del trabajo nocturno y tiempo de trabajo máximo semanal. De este modo, se permite extender el periodo de referencia de cuatro meses del art. 16 b) para el cálculo de las 48 horas semanales máximas establecidas en el art. 6 b)[44]. Las excepciones, no obstante, quedan matizadas puesto que lo que está en juego son normas seguridad y salud, y será imprescindible la concesión alternativa de «periodos equivalentes de descanso compensatorio»[45].

- Otorga un papel protagonista a la negociación colectiva en lo que concierne al desarrollo de algunas prescripciones normativas en términos similares a la Directiva precedente:

    o Las modalidades, incluida la duración y las condiciones de concesión, de la pausa intermedia en las jornadas de más de 6 horas diarias se determinarán mediante convenios colectivos o acuerdos celebrados entre interlocutores sociales o, en su defecto, mediante la legislación nacional al igual que mandataba en la Directiva anterior —art. 4 en ambas Directivas—.

---

[39] STJUE de 14 de octubre del 2010, C-428/09, asunto ISERE apartados 21 a 24.
[40] STJUE, Gran Sala, de 5 de octubre del 2004, asuntos acumulados C-397/01 a C-403/01, caso PFEIFFER y otros, apartados 50 y 51.
[41] Específico para la negociación colectiva y no contemplado en la Directiva anterior.
[42] Como el nuevo art. 18 bajo la rúbrica «Excepciones mediante convenios colectivos».
[43] Estructurado en los arts. 17 a 21 de la Directiva 2003/88.
[44] Art. 6 b) Directiva 2003/38: «la duración media del trabajo no exceda de 48 horas, incluidas las horas extraordinarias, por cada período de siete días». Art. 16 b) «(…); b) para la aplicación del artículo 6 (duración máxima del tiempo de trabajo semanal), un período de referencia que no exceda de cuatro meses».
[45] Art. 17.2 y 18, párrafo tercero, este último en lo que concierne a la negociación colectiva.

o Atribuye la definición del trabajo que implique riesgos especiales o tensiones físicas o mentales importantes a las legislaciones y/o las prácticas nacionales, así como a los convenios colectivos o acuerdos celebrados entre interlocutores sociales, tomando en consideración los efectos y los riesgos inherentes al trabajo nocturno en el mismo sentido que la Directiva anterior —art. 8 en ambas Directivas—.

o Posibilita la mejora de las condiciones establecidas por la Directiva a la facultad regulatoria propia de los Estados miembros de aplicar y también a los convenios colectivos o acuerdos celebrados entre interlocutores sociales que sean más favorables a la protección de la seguridad y la salud de los trabajadores —art. 15 en ambas Directivas—.

o Deriva a la negociación colectiva nacional o regional el establecimiento del periodo de referencia para duración del trabajo nocturno —art. 16 en ambas Directivas—.

o Regula las condiciones de tiempo de trabajo en determinados sectores lo que supone un añadido respecto a la regulación anterior puesto que no quedaban contempladas en la misma. Remitiendo a la legislación nacional o al convenio colectivo «el número máximo de horas de trabajo o el número mínimo, de horas de descanso» para las personas trabajadoras enroladas a bordo de buques de pesca marítima —art. 21— sin perjuicio de respetar los mínimos que marca la propia Directiva en los números 3 y 4 del mismo precepto[46], que, a su vez, en un rocambolesco giro, pueden ser excepcionados de la misma forma, fundándose en razones objetivas o técnicas, o por motivos relativos a la organización del trabajo[47]. Respecto de otras actividades, sin embargo, el papel del diálogo social es meramente consultivo[48] o inexistente[49].

Sin embargo, el papel de la negociación colectiva ha sido matizado por el TJUE en el asunto SIMAP —apartados 71 a 74— al considerar que el acuerdo fruto de la negociación colectiva al que se refiere el art. 18. 1 b), i) de la Directiva

---

[46] «3. Las horas de trabajo o descanso estarán sometidas a los límites siguientes:
a) el número máximo de horas de trabajo no excederá de: i) 14 horas por cada período de 24 horas, ni de ii) 72 horas por cada período de siete días, o bien b) el número mínimo de horas de descanso no será inferior a: i) diez horas por cada período de 24 horas, ni a ii) 77 horas por cada período de siete días.
4. Las horas de descanso podrán dividirse en dos períodos como máximo, uno de los cuales será de al menos seis horas, y el intervalo entre períodos consecutivos de descanso no excederá de 14 horas.»
[47] Conforme al apartado 5 del art 21.
[48] Por ej., en el artículo 20 respecto de los trabajadores *off-shore* y los trabajadores del sector del transporte de pasajeros en los servicios de transporte urbano regular en los arts. 26.
[49] En el citado art. 20 respecto a los trabajadores móviles.

93/104 no puede sustituir el consentimiento individual de la persona trabajadora para incrementar su tiempo de trabajo por encima de las cuarenta y ocho horas.

- A ello, añade en su art. 22, un peculiar régimen de inaplicación, heredero de una disposición similar ubicada en el art. 18 1 c. de la anterior regulación, conocida como cláusula «opt out»[50] o cláusula de exclusión voluntaria que ha permitido la inaplicación total o parcial del límite máximo de 48 horas semanales a algunos países de la Unión Europea[51] que han hecho uso de la misma sin se haya producido la esperada actualización de la norma derivada del análisis de las excepciones, al igual que acaeció en la regulación anterior.

3.2.2. Prescripciones sobre tiempo de trabajo en la Directiva 2003/88: las reglas generales

El régimen jurídico, la regulación del tiempo trabajo de la Directiva 2003/88/CE, en el que se combinan desde la perspectiva del régimen jurídico español y prescripciones sobre condiciones de trabajo y reglas puras de Prevención de Riesgos Laborales[52] establece las limitaciones a favor de la persona trabajadora en esta materia. Muy esquemáticamente expuesto, el cuadro normativo es el siguiente, aun cuando está seriamente afectado por el extenso régimen de excepciones previsto mediante el cual se modera el papel «armonizador» que la norma comunitaria pretende[53].

Las reglas generales mediante las cuales se establecen los correlativos derechos de las personas trabajadoras en materia de tiempo de trabajo son las que siguen:

- Concepto de tiempo de trabajo[54]: «todo período durante el cual el trabajador permanezca en el trabajo, a disposición del empresario y en ejercicio de su

---

[50] Incompatible a juicio de las organizaciones sindicales europeas con la relatada Carta de Derechos Fundamentales, EUROPEAN TRADE UNION CONFEDERATION (ETUC), *Los derechos fundamentales y la directiva sobre el tiempo de trabajo, op. cit.*, p. 15.

[51] Reino Unido, Malta Chipre, Estonia y Bulgaria de forma general y de forma específica «para el sector de la salud aun cuando sólo en el sector de la salud y cuando se trata de empleos que hacen un uso extensivo de los tiempos de guardia, son once (Bélgica, República Checa, Alemania, España, Francia, Hungría, Países Bajos, Polonia, Eslovenia, Eslovaquia y Letonia)». EUROPEAN TRADE UNION CONFEDERATION (ETUC), *Los derechos fundamentales y la directiva sobre el tiempo de trabajo, op. cit.*, p. 15.

[52] Referencias como veremos a vigilancia de la salud y a servicios de prevención. Por ejemplo, el art. 12: 12, bajo la rúbrica: «protección en materia de seguridad y salud». Y, también, el art. 13, bajo la rúbrica tiempo de trabajo.

[53] En ese sentido, lo denuncia SAEZ LARA, C., «Jurisprudencia comunitaria sobre ordenación del tiempo de trabajo», *Temas Laborales*, núm. 130/2015, p. 246.

[54] Plantea Reyes, ciertas disimilitudes entre las distintas versiones de la noción de tiempo de trabajo en función de la lengua utilizada: «En la versión británica, podemos ver que la transcripción literal del precepto establece

actividad o de sus funciones, de conformidad con las legislaciones y/o prácticas nacionales» y, en contraposición, tiempo o periodo de descanso definido de forma sencilla y directa como «todo período que no sea tiempo de trabajo» —art. 2., apartado 1) y 2) —.

El concepto de tiempo de trabajo como opuesto al tiempo de descanso, forjando una concepción antagónica y exclusivamente binaria, constituye la clave de bóveda de esta regulación y sobre la misma se construirá una importantísima doctrina judicial.

- Establecimiento de una duración máxima semanal del trabajo de 48 horas incluidas las horas extraordinarias en un periodo de referencia de hasta cuatro meses —art. 6 b) y 16 b)—. Este periodo de referencia puede ser ampliado con carácter general hasta seis meses, o hasta un máximo de doce meses mediante la negociación colectiva si lo permite la regulación del Estado Miembro o a la negociación colectiva, siempre que se respeten los «principios generales de protección de la seguridad y la salud de los trabajadores» y sobre la base de «razones objetivas, técnicas o de organización del trabajo» —art. 19—.

- Consideración como periodos mínimos de descanso diario y semanal —arts. 3, 5 y 16 a)— respectivamente:

  o 11 horas consecutivas en el curso de 24 horas;
  o y de 24 a 35 horas ininterrumpidas como descanso semanal en un periodo de referencia de 14 días.

- Obligación de pausa de descanso a determinar en la negociación colectiva, o en su defecto por ley nacional, cuando la jornada laboral diaria supere las seis horas —art. 4—.

---

lo siguiente: "working time means any period during which the worker is working". No obstante, no se corresponde con la redacción hispana o gala, ya que, la primera entiende por "tiempo de trabajo" cuando "el trabajador permanezca en el centro de trabajo" y, la segunda cuando "le travailleur est au travail". Por ello, si nos ciñésemos a la versión anglosajona, la traducción al español cambiaría por "el trabajador trabaja", mientras que la francesa sería "le travailleur travaille"» —REYES RUEDA, *op. cit.*, p. 26—. A mi juicio, no existe oposición alguna, al menos en el texto que se maneja que es el de la publicación en el DOCE puesto que no existe referencia directa alguna en tal versión al centro de trabajo: «permanezca en el trabajo», expresión que puede tener tanto una acepción física referida al lugar de trabajo como a la propia prestación de actividad, o, lo que es más razonable, abarcar las dos.

- En el trabajo nocturno[55], se mezclan, desde la perspectiva del legislador español, los mandatos relacionados con las condiciones de trabajo y la normativa de prevención de riesgos laborales *strictu sensu*. Y es que como ya hemos señala para la normativa comunitaria todas ellas se engloban en el ámbito de la seguridad y salud en el trabajo.

  o Una jornada media máxima de ocho horas de trabajo nocturno por cada 24 horas en el periodo de referencia que devenga de la negociación colectiva salvo que el trabajo suponga tensión o riesgos especiales o importantes en cuyo caso la limitación opera en el periodo de 24 horas —arts. 8 y 16 c)—.
  o Evaluación gratuita de la salud previa a la incorporación y regulares posteriores —art. 9 1 a)—.
  o Cambio de puesto a trabajo diurno cuando se incurran en problemas de salud relacionados con el trabajo nocturno —art. 9 1b)—.

- Derecho a vacaciones por un período de al menos cuatro semanas de vacaciones anuales retribuidas, de conformidad con las condiciones de obtención y concesión establecidas en las legislaciones y/o prácticas nacionales. Este periodo mínimo de vacaciones anuales retribuidas no podrá ser sustituido por una compensación financiera, excepto en caso de conclusión de la relación laboral —art. 7—.

Todas estas reglas configuran un conjunto normativo, verdadero mínimo de derecho necesario, adoptado a fin de dotar a la persona trabajadora de una adecuada protección de su seguridad y salud, de mejorar sus condiciones de vida y trabajo. La limitación de la jornada laboral, horas extraordinarias y trabajo nocturno; el establecimiento del descanso alternativo y subsiguiente al periodo de trabajo no son sino normas preventivas concebidas para la protección de la vida, la seguridad y la salud de las personas trabajadoras[56]. Este elemento teológico es uno de los ejes insoslayables para la comprensión de la normativa comunitaria.

---

[55] El concepto de trabajador nocturno se encuentra en el art. 2.4 de la Directiva, si bien matizado por la remisión a la legislación nacional: «a) por una parte, todo trabajador que realice durante el período nocturno una parte no inferior a tres horas de su tiempo de trabajo diario, realizadas normalmente, y b) por otra parte, todo trabajador que pueda realizar durante el período nocturno determinada parte de su tiempo de trabajo anual, definida a elección del Estado miembro de que se trate: i) por la legislación nacional, previa consulta a los interlocutores sociales, o ii) por convenios colectivos o acuerdos celebrados entre interlocutores sociales a nivel nacional o regional». Por periodo nocturno se entiende —art. 2.3 de la Directiva—: «período nocturno: todo período no inferior a siete horas, definido por la legislación nacional, y que deberá incluir, en cualquier caso, el intervalo comprendido entre las 24.00 horas y las 5.00 horas».
[56] STJUE, de 9 de septiembre de 2003, C 151/02, asunto JAEGER, apartados 88 a 100.

3.2.3. Una referencia al régimen de excepciones y flexibilización

Pero a las reglas o normas generales enunciadas, se acompaña un gravoso y barroco verdadero régimen alternativo, del cual hemos mostrado algunas pinceladas anteriormente, en el que se entremezclan excepciones permanentes y transitorias, configurando una regulación verdaderamente compleja de ardua interpretación con referencias ambiguas e imprecisas[57] que han producido algunos de los problemas interpretativos que actualmente existen y que solo conducen a exacerbar la litigiosidad y la inseguridad jurídica. En todo caso:

- El TJUE ha contemplado de muy restrictiva[58] la aplicación de estas excepciones, obligando al Estado Miembro que pretende llevarlas a cabo a fundamentar de forma rigurosa su aplicación, y no procediendo a una aplicación generosa de las mismas, dado que lo que está en juego no es sino la salud y seguridad de los trabajadores. Advirtiendo expresamente que la limitación de la jornada y el derecho al descanso de la persona trabajadora es un «un derecho fundamental consagrado en el art. 31, apartado 2 de la Carta de los Derechos Fundamentales de la Unión Europea»[59].

Ello se traducirá en que la aplicación del sistema de excepciones debe ir acompañado de reglas que equilibren la excepción. Por ello, por ejemplo, la implantación de un régimen diverso al general de descanso diario está sometido a un descanso compensatorio equivalente como requisito para la exceptuación de la regla general siempre bajo la premisa de la necesidad de proporcionar a la persona trabajadora el descanso requerido por la nor-

---

[57] Prolifera la utilización de una terminología que conduce a la confusión como el necesario «respeto a los principios generales de protección a la seguridad y salud de los trabajadores» como límite a la acción del Estado miembro en la modificación de las reglas generales —art. 20—; la existencia de «casos excepcionales» como justificativos de la no concesión de periodos equivalentes de descansos compensatorios, autorizar el pacto con interlocutores sociales al nivel colectivo «apropiado» —art. 18—; El empresario consultará a los representantes de los trabajadores con tiempo «suficiente» para alcanzar un acuerdo, «siempre que sea posible», sobre el régimen que se aplicará durante el período transitorio —art. 17.5—. El concepto de periodo nocturno se encuentra en el apartado 3 del mismo precepto: «todo período no inferior a siete horas, definido por la legislación nacional, y que deberá incluir, en cualquier caso, el intervalo comprendido entre las 24.00 horas y las 5.00 horas». Como podemos advertir es diferente al de la legislación española que contempla un periodo para la consideración de trabajo nocturno bastante más amplio, si bien la legislación española, el art. 35.1 del Real Decreto Legislativo 2/2015, de 23 de octubre, por el que se aprueba el texto refundido de la Ley del Estatuto de los Trabajadores, se mantuvo vigente como más favorable a la persona trabajadora de acuerdo con lo que establece el art. 15 de la Directiva.

[58] SSTJUE de 14 de octubre del 2010, C-428/09, asunto ISÉRE, apartados 40 y 41 y de 9 de septiembre de 2003, C 151/02, asunto JAEGER, apartados 88 a 90. STJUE, Gran Sala, de 14 de mayo del 2019, C 55-18, asunto CCOO y Deutsche Bank, S.A.E., apartado 32.

[59] STJUE, de11 de noviembre de 2021, C-214/20, asunto MG Y DUBLIN CITY COUNCIL, apartado 37.

mativa preventiva que fundamenta —art. 118 A del Tratado— la implementación de la Directiva[60].

- Ha exigido la existencia de normas nacionales, entendidas éstas en un sentido amplio, que adopten expresamente las excepciones previstas[61], sin tal adopción la norma general tiene efecto «directo».

Sin ánimo de proceder a la exposición de la totalidad del peculiar sistema excepcionatorio de la Directiva sobre tiempo de trabajo, del cual ya alguna mención se ha hecho, podemos destacar parte de su contenido a mero título de ejemplo y de ilustración para el lector:

- Excepciones vinculadas al tipo de actividad. Excepciones determinadas en el extenso art. 17, completado por el art. 20, preceptos que introducen de facto importantes restricciones a los derechos de las personas trabajadoras.

   o La posibilidad de sustituir los descansos diario y semanal reseñados mediante procedimientos normativos o negociación colectiva:

      - «siempre que se concedan períodos equivalentes de descanso compensatorio a los trabajadores»;
      - «o, siempre que, en casos excepcionales en que por razones objetivas no sea posible la concesión de tales períodos equivalentes de descanso compensatorio, se conceda una protección equivalente a los trabajadores de que se trate…».

De esta forma, se articula un régimen extraordinariamente amplio de excepciones al régimen de descansos inicialmente previsto en relación con determinadas actividades, en base a diversas justificaciones:

      - La necesidad de una presencia continua con el fin de garantizar la protección de personas y bienes en particular cuando se trate de guardianes, conserjes o empresas de seguridad.
      - Asegurar la continuidad del servicio —trabajo off shore, de guardia y vigilancia, servicios médicos en hospitales y centros similares, prensa radio y aeropuertos—.

---

[60] STJUE, de 9 de septiembre de 2003, C 151/02, asunto JAEGER, apartados 90 y 92. Los apartados siguientes se extienden en la consideración del descanso en alternancia con el trabajo como una medida imprescindible para una protección en materia de seguridad y salud de la persona trabajadora.
[61] STJUE, de 3 de octubre del 2000, C-303/98, asunto SIMAP, apartado 70.

- Cubrir el aumento de la actividad —agricultura, turismo, servicios postales—.
- En ciertos supuestos del transporte ferroviario, trabajo a turnos, limpieza por el fraccionamiento del servicio, etc.

o Salvedades a la aplicación del límite de 48 horas semanales si bien, sometidas a un periodo transitorio, por ej., médicos en periodo de formación.

o Inaplicación a los «trabajos móviles» del régimen de descansos, proveyéndose la genérica obligación del Estado miembro de garantizar un descanso «adecuado» a los trabajadores afectos a esta actividad —art. 20—.

o Inaplicación a los «trabajos de pesca marítima» del régimen de descansos general, estableciéndose un régimen diverso si bien se asegura al trabajador el «derecho al descanso adecuado y a que se limite el número de horas de trabajo a una media de 48 horas semanales calculadas sobre la base de un período de referencia que no podrá exceder de 12 meses.» —art. 21—.

- Se introduce además, la facultad de introducir un régimen excepcional con carácter general en el ya mencionado art. 18, si bien con alguna restricción, puesto que en materia de descanso que «sólo se admitirán a condición de que se conceda a los trabajadores de que se trate períodos equivalentes de descanso compensatorio, o bien una protección adecuada en los casos excepcionales en que, por razones objetivas, resulte imposible la concesión de dichos períodos equivalentes de descanso compensatorio.» Adviértase, como ya se ha reseñado, que las excepciones al régimen general de descansos deben interpretarse de forma restrictiva.

- Otra de las restricciones más destacadas es la prevista en el art. 22, la ya mentada cláusula «opt-out»[62]: inaplicación permitida al Estado Miembro de la limitación de 48 horas del tiempo de trabajo semanal, siempre que:

o Se «respeten los principios generales de protección de la seguridad y salud en el trabajo».

o Se obtenga el consentimiento del trabajador para proceder a esta inaplicación[63], consentimiento del cual se deberá informar a la autori-

---

[62] Sobre el sentido e interpretación, argumentos a favor y en contra de su supresión, de esta cláusula puede verse FERRADANS CARAMES, C., *op. cit.*, 6, pp. 108-120.

[63] Consentimiento que ha de ser manifestado de forma expresa y libre por la persona trabajadora, STJUE, Gran Sala, de 5 de octubre del 2004, asuntos acumulados C-397/01 a C-403/01, caso PFEIFFER y otros, apartados 84 y 86.

dad competente. Regla que supone un verdadero desafío a la realidad y necesidad del Derecho Laboral como mecanismo tuitivo que comprende la desigualdad existente entre empresa y persona trabajadora.

o El empresario lleve registros actualizados de los trabajadores que efectúen un trabajo de este tipo. Cuestión respecto de la cual se verterá una interesante interpretación por el TJUE con repercusión directa en nuestra normativa.

No obstante, a pesar de tan tortuoso sistema normativo, la realidad es que las reglas contenidas en la Directiva Comunitaria abarcan a la mayor parte de las personas trabajadoras, sin que las exclusiones llevadas a cabo por los Estados Miembros fueran objeto de un uso desmesurado[64].

---

[64] «Según el Informe redactado por la Comisión, sobre la aplicación por los Estados Miembros de la Directiva 2003/88, al Parlamento Europeo, al Consejo y al Comité Económico y Social Europeo, la mayoría de los países han transpuesto la norma tanto como para el sector público como al privado, a excepción de algunos en los que determinadas categorías de trabajadores están excluidas del ámbito de aplicación de la legislación. En el público, este suele ser el caso de las fuerzas armadas, la policía y otras fuerzas del orden y también de los servicios de protección civil, como el personal de instalaciones penitenciarias y el servicio público de bomberos (En Irlanda (Ley sobre ordenación del tiempo de trabajo, capítulo 20, parte I, núm. 3, apartado 1) An Garda Síochána (policía, fuerzas armadas); Chipre (The Working Time Law, de 2002, artículo 4 sobre las fuerzas armadas); Italia (Decreto Legislativo 66/2003. cuanto, al privado, varios de los Estados Miembros excluyen a los trabajadores domésticos (Bélgica (Código del Trabajo, de 16 de marzo de 1971, artículo 3); Grecia (Decreto Presidencial núm. 88/1999, modificado por el Decreto Presidencial núm. 79/2005, artículo 1).» REYES RUEDA, F., *Ordenación del tiempo de trabajo y Unión Europea, op. cit.*, p. 19, notas 49 y 50.

4. La normativa específica: ¿una excepción más?

Como hemos comprobado, la Directiva 2003/88/CE contiene una serie de excepciones vinculadas a ciertos sectores y actividades. Sin embargo, ello no es suficiente para el legislador comunitario que ha desarrollado en relación con algunos ámbitos sectoriales una regulación específica propia. Estos sectores cuentan con verdaderas Directivas específicas que con carácter de mínimo de derecho necesario mejorable por el legislador interno[1] regulan aspectos esenciales en el ámbito del tiempo de trabajo.

Algunas de las regulaciones existentes se han integrado en la Directiva general y otras se ha mantenido, conciliándose la existencia de especificaciones ya advertidas con la presencia de Directivas que de forma única regulan aspectos vinculados a la prestación de servicios en una actividad o sector y en nuestro campo, aun cuando parece que la posición de la Comisión es proceder a la integración normativa[2]. En lo que concierne al objeto especifico de nuestro estudio, adviértase que la cada Directiva contiene un desarrollo normativo diferente. En algunas, se mantendrá el binomio tiempo de descanso/tiempo de trabajo y en otras se añadirá un tercer género, el tiempo de presencia.

---

[1] MARTÍN RODRÍGUEZ, O., *op. cit.*

[2] «Con carácter general, la citada Directiva 2003/88/CE resulta aplicable como previamente se ha hecho referencia a la práctica totalidad de los sectores de actividad (véase el art. 1.3 de la misma). (…) Si bien es cierto que hasta el día de hoy se mantienen algunas de las excepciones por parte de la norma comunitaria a que hacemos referencia, no debemos olvidar que la Comisión ha venido proponiendo en los últimos años que se incluya en ella a los trabajadores de la aplicación de la Directiva 2003/88/CE, para que sea esta Directiva un texto común y de mínimos aplicable en todos los sectores y actividades.» MARTÍN RODRÍGUEZ, O., *op. cit.*

4.1 La Directiva 1999/63/CE del Consejo, de 21 de junio de 1999, relativa al Acuerdo sobre la ordenación del tiempo de trabajo de la gente de mar[3]

Dentro del ámbito denominado «gentes del mar», con independencia de la bandera bajo la cual sirvan, la UE ha desarrollado un importante esfuerzo normativo[4] vinculado al corpus jurídico internacional y al objetivo de desarrollar una regulación dirigida a mejorar las condiciones de vida y trabajo de aquellos, intentando, además, asegurar la efectividad y realidad de las medidas establecidas a través de la implantación por los Estados miembros de medidas de control y exigencia del cumplimiento[5].

La Directiva nuclear en esta materia es la Directiva 1999/63/CE del Consejo, de 21 de junio de 1999, relativa al Acuerdo sobre la ordenación del tiempo de trabajo de la gente de mar suscrito por la Asociación de Armadores de la Comunidad Europea (ECSA) y la Federación de Sindicatos del Transporte de la Unión Europea (FST) que articula el acuerdo entre las organizaciones sociales mencionados, plasmando las instituciones europeas su voluntad en un instrumento normativo inequívoco y de general aplicación como es la Directiva. Abarca esta norma a las denominadas «gentes del mar», entendidas —cláusula segunda c)— como «toda persona empleada o contratada, cualquiera que sea su cargo, a bordo de un buque de navegación marítima al cual se aplique el presente Acuerdo»[6].

En materia de tiempo de trabajo, esta Directiva establece muy diversas reglas, relacionadas con las peculiaridades de la actividad y el centro de trabajo, tanto documentales (registro horario diario de trabajo y descanso a disposición de la tripulación) como materiales (permisos anuales remunerados de al menos cuatro semanas, no podrán realizar trabajos de noche los marinos menores de dieciocho años, limites horarios y salvaguardas del descanso[7]).

---

[3] DOCE núm. 167, de 2 de julio de 1999.

[4] Que mucho más allá de las condiciones de trabajo, por ejemplo, la relativamente reciente: Directiva (UE) 2022/993 del Parlamento Europeo y del Consejo, de 8 de junio de 2022, relativa al nivel mínimo de formación en las profesiones marítimas (DOUE núm. 169, de 27 de junio de 2022, pp. 45-90).

[5] A estos efectos, se aprobó la Directiva 2013/54/UE del Parlamento Europeo y del Consejo, de 20 de noviembre de 2013, sobre determinadas responsabilidades del Estado del pabellón en materia de cumplimiento y control de la aplicación del Convenio sobre el trabajo marítimo, de 2006 que aspira a mejorar las condiciones vida y trabajo de la gente del mar y la prevención de la contaminación provocada por la actividad de los buques entre otros objetivos (DOUE núm. 329, de 10 de diciembre de 2013).

[6] Concepto modificado por la Directiva 2009/13/CE, que luego se mencionara, al incorporar las modificaciones resultados Acuerdo relativo al Convenio sobre el trabajo marítimo, 2006, sobre el Acuerdo de 1998: «toda persona empleada, contratada o que trabaje, cualquiera que sea su cargo, a bordo de un buque al que se aplique el presente Acuerdo» (la adición, en cursiva).

[7] *Confer,* Cláusula 5.

La Directiva 1999/63 fue modificada principalmente por la *Directiva 2009/13/CE del Consejo, de 16 de febrero de 2009, por la que se aplica el Acuerdo celebrado entre las Asociaciones de Armadores de la Comunidad Europea (ECSA) y la Federación Europea de Trabajadores del Transporte (ETF) relativo al Convenio sobre el trabajo marítimo*, 2006, que modifica la Directiva 1999/63/CE[8]. Este texto, fruto del Acuerdo del 2006 entre las organizaciones de nuevo mencionadas, incorpora algunas menciones nuevas como el derecho a vacaciones inserto en el Anexo[9], o modifica alguna de las cláusulas existentes como en materia de trabajo nocturno y permiso anual remunerado[10].

En todo caso, la Directiva 1999/63 es bastante flexible en su regulación, no sólo porque integra el levantamiento de los límites ante situaciones de emergencia o fuerza mayor[11], sino porque permite que la negociación colectiva prevea «dispensas a los límites enunciados» —cláusula sexta— de una forma excesivamente laxa que ha requerido matizaciones posteriores[12], permisividad no eliminada por la Directiva 2009/13/CE. No contiene referencia al tiempo de presencia como tal diferenciando entre «horas de trabajo» y «horas de descanso» —art. 2, apartados a) y b) respectivamente[13]—.

4.2. La Directiva 2000/79/CE del Consejo, de 27 de noviembre de 2000, relativa a la aplicación del Acuerdo europeo sobre la ordenación del tiempo de trabajo del personal de vuelo en la aviación civil[14]

Con un sentido similar al de la regulación de las gentes de mar la *Directiva 2000/79/CE del Consejo, de 27 de noviembre de 2000, relativa a la aplicación*

---

[8] DOUE núm. 124, de 20 de mayo de 2009.

[9] Confer Regla 2.4.

[10] Confer Cláusula 16.

[11] Confer Cláusula 7.

[12] A este respecto, el considerando 13 de la Directiva (UE) 2022/993 del Parlamento Europeo y del Consejo, de 8 de junio de 2022, relativa al nivel mínimo de formación en las profesiones marítimas establece lo siguiente, matizando la flexibilidad en la dejación de los límites. «Los interlocutores sociales europeos acordaron unas horas mínimas de descanso aplicables a la gente de mar y la Directiva 1999/63/CE se adoptó con vistas a la aplicación de dicho acuerdo. La citada Directiva también establece la posibilidad de autorizar excepciones a las horas mínimas de descanso de la gente de mar. No obstante, la posibilidad de autorizar excepciones debe estar limitada en cuanto a la duración, frecuencia y ámbito máximos. Las enmiendas de Manila pretendían, entre otras cosas, fijar límites objetivos a las excepciones sobre períodos mínimos de descanso para el personal de guardia y la gente de mar que desempeña cometidos relacionados con la seguridad, la protección y la prevención contra la contaminación con el fin de evitar la fatiga. Por consiguiente, la presente Directiva debe reflejar las enmiendas de Manila de manera que quede asegurada su coherencia con la Directiva 1999/63/CE.»

[13] «a) "horas de trabajo": el tiempo durante el cual un marino está obligado a prestar servicio por cuenta del buque; b) "horas de descanso": el tiempo no comprendido en las horas de trabajo; en esta expresión no se incluyen las pausas breves».

[14] DOCE núm. 302, de 1 de diciembre de 2000, pp. 57-60.

del Acuerdo europeo sobre la ordenación del tiempo de trabajo del personal de vuelo en la aviación civil celebrado por la association of European Airlines (AEA), la European Transport Workers' Federation (ETF), la European Cockpit Association (ECA), la European Regions Airline Association (ERA) y la International Air Carrier Association (IACA), se dirige a la regulación específicamente del tiempo de trabajo del personal de vuelo, transponiendo el Acuerdo inicial de los agentes sociales mencionados.

Se considera personal de vuelo conforme al Anexo, donde se traslada el Acuerdo de referencia, a «todos los miembros de la tripulación a bordo de una aeronave civil empleados por una empresa con domicilio social en un Estado miembro» —cláusula 2.2—.

Las medidas del Acuerdo, recogidas en el Anexo de la Directiva, en materia de tiempo de trabajo son muy escuetas, pero de gran importancia y de repercusión en las condiciones de prestación de servicios de los trabajadores afectados, como muestra la existencia de importantes resoluciones judiciales nacionales al respecto[15].

Incluye la Directiva 2000/79 declaraciones genéricas —reparto del tiempo de trabajo[16], ritmo de trabajo[17]— y concretas —tiempo máximo anual de trabajo[18], días libres[19], vacaciones[20]—. Prescripciones que tienen el carácter de mínimo y que, en consecuencia, pueden ser mejoradas por el Estado Miembro en el desarrollo de la legislación nacional —art. 2 de la Directiva—. El TJUE sobre esta Directiva en diversas ocasiones, bien condenando a la República de Irlanda por la no transposición en plazo de la misma[21]; bien pronunciándose en relación al derecho a las vacaciones de los pilotos de una línea aérea, interpretando que debe incluir no sólo el salario base sino «todos los elementos intrínsecamente vincula-

---

[15] Por ejemplo, la STS, Sala de lo Social, núm. 257/2021, de 3 de marzo, interpretando el sentido de la Directiva y el Reglamento respecto a la programación del tiempo de trabajo.

[16] «Cláusula 8.3. El tiempo máximo de trabajo anual deberá repartirse a lo largo del año de la forma más uniforme posible.»

[17] «Cláusula 6.

3. Se adoptarán las medidas necesarias para que los empresarios que prevean organizar el trabajo con arreglo a cierto ritmo tengan en cuenta el principio general de adecuación del trabajo a la persona.»

[18] «Cláusula 6. 2. El tiempo máximo de trabajo anual, incluidos los períodos de espera y las permanencias determinados con arreglo a la legislación aplicable, será de 2000 horas, de las cuales el tiempo de vuelo total no podrá exceder de 900 horas.»

[19] *Confer* Cláusula 9.

[20] *Confer* Cláusula 3.

[21] STJUE de 23 de febrero del 2006, C-46/05, asunto SIEMENSAG VERSUS GESELLSCHAFT FÜRVISUALISIERUNG UND PROZEßAUTOMATISIERUNG, MBH(VIPA).

dos a la ejecución de las tareas que le incumben según su contrato de trabajo y compensados por un importe pecuniario incluidos en el cálculo de su retribución global, y, por otro, a todos los elementos vinculados con el estatuto personal y profesional del piloto de línea aérea»[22].

La definición de tiempo de trabajo contenida en la cláusula 2.1 del Anexo es idéntico al de la Directiva 2003/88, sin que se observe referencia alguna al concepto tiempo de presencia.

4.3. La Directiva 2005/47/CE del Consejo, de 18 de julio de 2005, sobre determinados aspectos de las condiciones de trabajo de los trabajadores móviles que realizan servicios de interoperabilidad transfronteriza en el sector ferroviario[23]

Inspirada en los mismos principios que las anteriores, *la Directiva 2005/47/CE del Consejo, de 18 de julio de 2005, relativa al acuerdo entre la Comunidad de Ferrocarriles Europeos (CER) y la Federación Europea de Trabajadores del Transporte (EFT) sobre determinados aspectos de las condiciones de trabajo de los trabajadores móviles que realizan servicios de interoperabilidad transfronteriza en el sector ferroviario*[24], se dirige al establecimiento de una serie de reglas básicas relativas a tiempo de trabajo y periodo de descanso en el sector respecto a este tipo de trabajadores, si bien su aplicación no debe disminuir el régimen más favorable establecido a nivel nacional[25].

Pueden destacarse de su contenido las siguientes notas:

- En el ámbito conceptual —cláusula 2—:
    o El amplio concepto de tiempo de trabajo —cláusula 2. 3) de la Directiva— en contraposición al de periodo de descanso, como «todo periodo que no es de trabajo», es el mismo que el de la Directiva 2003/88, igualmente, respeta el concepto de periodo nocturno de ésta.
    o La introducción de conceptos singulares en su cláusula 2 con el fin de regular las peculiaridades más importantes de la actividad como «prestación de noche»[26], «descanso fuera del domicilio»[27] y «tiempo

---

[22] STJUE de 15 de septiembre del 2011, C-155/10, WILLIAMS Y BRITISH AIRWAYS PL.
[23] DOUE núm. 195, de 27 de julio de 2005, pp. 15-21.
[24] Definidos como «todo trabajador miembro de la tripulación de un tren que realiza servicios de interoperabilidad transfronteriza durante más de una hora de su jornada diaria» —cláusula 2, 2) de la Directiva de referencia—.
[25] Ello parece deducirse de la cláusula 9 o de no regresión de la propia Directiva.
[26] «toda prestación de al menos tres horas de trabajo durante el período nocturno».
[27] «descanso diario que no se puede efectuar en el domicilio habitual del personal móvil».

de conducción»[28] lo que no supone la introducción de géneros de tiempo diversos, pero sí de subespecies que no rompen el binomio tiempo de trabajo/tiempo de descanso, pero sí particularizan la aplicación de éstos.

- Reglas específicas en cuanto al tiempo de trabajo

  o En cuanto al periodo descanso se distingue entre el descaso diario dentro o fuera del domicilio —cláusulas 3 y 4 de la Directiva—:

    - En el domicilio,

      - el descanso tendrá una duración mínima de doce horas consecutivas por cada período de veinticuatro horas.
      - si bien, se podrá reducir a un mínimo de nueve horas consecutivas una vez cada siete días. En este caso, las horas que correspondan a la diferencia entre el descanso reducido y las doce horas se añadirán al siguiente descanso diario en el domicilio.
      - No se podrá fijar un descanso diario significativamente reducido entre dos descansos diarios fuera del domicilio.
      - Fuera del domicilio,
      - tendrá una duración mínima de ocho horas consecutivas por cada período de veinticuatro horas.
      - deberá ir seguido de un descanso diario en el domicilio.
      - se recomienda que se preste especial atención a la comodidad del alojamiento del trabajador en descanso fuera del domicilio.

- Reglas relativa a las pausas entre jornada —cláusula 5—. Se distingue entre las diferentes clases de personal:

  o Conductores,

    - Si la duración del tiempo de trabajo de un conductor es superior a ocho horas, deberá garantizarse una pausa de al menos 45 minutos durante la jornada de trabajo;

---

[28] «duración de una actividad programada durante la cual el conductor es responsable de la conducción de un vehículo de tracción, con la exclusión del tiempo previsto para la puesta en servicio y para la puesta fuera de servicio del vehículo. Incluye las interrupciones programadas en las que el conductor permanece como responsable de la conducción del vehículo de tracción e conceptos específicos no existentes en la normativa general...».

- O, cuando el tiempo de trabajo se sitúe entre seis y ocho horas, dicha pausa será de al menos treinta minutos y se efectuará durante la jornada de trabajo.
- El momento de la jornada en que se haga la pausa y la duración de ésta deberán ser suficientes para que el trabajador pueda recuperarse.
- En caso de retraso de los trenes, las pausas podrán adaptarse durante la jornada de trabajo.
- Una parte de la pausa debería concederse entre la tercera hora de trabajo y la sexta.

Estas reglas no se aplicarán si hay un segundo conductor. En este caso, las condiciones de concesión se establecerán a nivel nacional.

o Personal de acompañamiento,
- Se garantizará una pausa de 30 minutos si el tiempo de trabajo es superior a seis horas.
- Reglas sobre descanso semanal —cláusula 6—,

o Todo trabajador móvil que realice servicios de interoperabilidad transfronteriza deberá disfrutar, por cada período de siete días, de un período mínimo de descanso ininterrumpido de una duración de 24 horas, a las que se añadirán las 12 horas de descanso diario.

o Cada año, el trabajador móvil dispondrá de 104 períodos de descanso de 24 horas al año, incluidos los períodos de 24 horas de los 52 descansos semanales.

- Estos descansos incluirán, como mínimo:

- 12 descansos dobles (de 48 horas más el descanso diario de 12 horas), incluido el sábado y el domingo, y
- 12 descansos dobles (de 48 horas más el descanso diario de 12 horas), sin garantía de que estarán incluidos un sábado o un domingo.
- Reglas sobre tiempo de conducción —cláusula 7—.

o La duración del tiempo de conducción, según la definición de la cláusula 2, no podrá ser superior a nueve horas para el trabajo de día y a ocho horas para la prestación de noche entre dos descansos diarios.
o La duración máxima del tiempo de conducción por cada período de dos semanas estará limitada a 80 horas.

Por último, la cláusula 8 establece, a modo de control, la obligación de disponer un registro en el que se indiquen las horas diarias de trabajo y de descanso del personal móvil para asegurar el cumplimiento de estas reglas. Este registro como mínimo deberá conservarse durante un año.

4.4. La Directiva 2002/15/CE del Parlamento Europeo y del Consejo, de 11 de marzo de 2002, relativa a la ordenación del tiempo de trabajo de las personas que realizan actividades móviles de transporte por carretera[29]

La *Directiva 2002/15/CE del Parlamento Europeo y del Consejo, de 11 de marzo de 2002, relativa a la ordenación del tiempo de trabajo de las personas que realizan actividades móviles de transporte por carretera* es, sin duda, la de mayor interés tanto por el volumen de personas y negocio que aglutina como por la importante serie de conflictos que se derivan de la misma.

Ya solo el propio hecho de la definición de trabajador móvil como distinto, pero no contrapuesto del trabajador desplazado motivó la interesante STJUE de 1 de diciembre del 2020, C-815/18, asunto VAN DEN BOSCH, que estimó aplicable al sector de transporte transnacional por carretera la Directiva (UE) 2018/957 del Parlamento Europeo y del Consejo, de 28 de junio de 2018, que modifica la Directiva 96/71/CE sobre el desplazamiento de trabajadores efectuado en el marco de una prestación de servicios. Si bien la consideración de trabajador desplazado, sobre la base de la necesidad de la existencia de «un vínculo en la naturaleza de las actividades que realizar el trabajador en el territorio del Estado miembro de que se trate» no se acepta por el Tribunal cuando «en el transporte de mercancías por carretera, se limita a transitar por el territorio de un Estado miembro. Otro tanto sucederá con el conductor que únicamente efectúa un transporte transfronterizo desde el Estado miembro de establecimiento de la empresa de transportes hasta el territorio de otro Estado miembro o viceversa»[30].

---

[29] DOCE núm. 80, de 23 de marzo de 2002, pp. 35-39.
[30] De alto interés es la controversia que sobreviene a la STJUE de 15 de julio del 2021, asuntos acumulados C-152/20 y 218/20, asunto GRUBER, respeto a la norma aplicable a camioneros rumanos que prestaban sus servicios como transportista con exclusividad en otro país de la Unión Europea, pero aplicando la Ley rumana con condiciones de trabajo más precarias. En tal sentido, CONTRERAS reseña que «(...) y esto resulta criticable desde mi punto de vista, la sala primera del TJUE decidió resolver las cuestiones prejudiciales planteadas, exclusivamente, a la luz del Reglamento Roma I, es decir, sin valorar la posibilidad de que estos transportistas pudieran ser trabajadores desplazados y, por lo tanto, que pudiera resultar de aplicación el artículo 3.1 de la Directiva 96/71 que impone la obligación de garantizar ciertas condiciones laborales según las normas del Estado de acogida, cualquiera que sea el ordenamiento aplicable a la relación laboral». BAYLOS, A., «Transporte internacional: trabajadores "móviles" no desplazados y mínimo salarial. Habla Óscar Contreras» publicado el 12 de octubre del 2021 en https://baylos.blogspot.com/2021/10/. *Confer*, CONTRERAS, O., *Desplazamiento de trabajadores en la Unión Europea: estado actual y nuevos horizontes*, Albacete, Bomarzo, 2020.

En todo caso, como la Directiva anterior, a pesar de referirse genéricamente a las condiciones de trabajo, la Directiva de referencia se limita a establecer ciertas reglas en materia de tiempo de trabajo que pueden ser mejoradas por el Estado miembro[31]. Sin embargo, en este supuesto la complejidad es mayor puesto que es necesario cohonestar las prescripciones de la Directiva con las del Reglamento (CEE) núm. 3820/85 del Consejo, de 20 de diciembre de 1985, relativo a la armonización de determinadas disposiciones en materia social en el sector de los transportes por carretera[32].

Uno de los primeros conflictos que surgen en torno a esta Directiva es su aplicación o no a los transportistas autónomos. La cuestión ha sido analizada directamente por nuestro Tribunal Supremo, negando tal aplicación[33], sobre la base de la doctrina y documentación comunitaria, a pesar de como advertiremos la propia Directiva conceptúa de forma directa lo que debe entenderse por tiempo de trabajo del trabajador o conductor autónomo.

La actuación del TJUE en torno a esta Directiva ha sido abundante. De este modo, el TJUE ha tenido ocasión de manifestarse para dilucidar lo que debe interpretarse de acuerdo a la Directiva conceptos tan esenciales como el de trayecto, o tiempo de conducción a los efectos de determinar si se incluye en el mismo la totalidad del turno trabajado durante dos semanas[34]; centro de operaciones con el fin de resolver si se debe computar el tiempo de trayecto para hacerse cargo del vehículo cuando se encuentra éste fuera de aquel o del domicilio del trabajo como tiempo de trabajo[35]; el concepto de radio de hasta 100 km alrededor del centro de explotación como línea recta que no ha de superar tal longitud[36]; o considerar como tiempo de trabajo el periodo de desplazamiento para recoger el vehículo que se encuentra fuera del lugar de trabajo o no ha sido aparcado en el domicilio[37].

---

[31] Art. 10 de la Directiva 2002/15/CE.

[32] Por ej., en materia de tiempo de descanso —art. 6 de la Directiva 2002/15/CE— y pausas en la jornada diaria —art. 5 de la Directiva citada—. DOCE núm. 370, de 31 de diciembre de 1985.

[33] «La propia Directiva que se transpone estatuyó de forma clara y precisa un distinto ámbito temporal de aplicación respecto de los conductores autónomos y los trabajadores móviles del sector de transporte por carretera. Al respetar el Real Decreto la mencionada Directiva no cabe invocar la existencia de esperanza alguna de que en la fecha de su transposición hubiere de incluir los conductores autónomos.» STS, Sala de lo Social, núm. de recurso 160/2007, de 11 de febrero del 2010.

[34] STJUE de 9 de noviembre del 2023, C-477/22, ASUNTO ARST SPA – AZIENDA REGIONALE SARDA

[35] STJUE de 29 de abril de 2010, C-124/09, asunto SMIT REIZEN BV Y MINISTER VAN VERKEER EN WATERSTAAT.

[36] STJUE de 7 de julio del 2022, C-13/21, asunto INSPECTORATUL DE STAT PENTRU CONTROLUL ÎN TRANSPORTUL RUTIER (ISCTR).

[37] «23. No puede acogerse esta interpretación. En efecto, un conductor que se desplaza a un lugar preciso, que le ha sido indicado por su empresario y que es diferente del centro de operaciones de la empresa, para hacerse cargo de un vehículo y conducirlo, está cumpliendo una obligación para con su empresario. Por tanto, durante dicho trayecto no dispone libremente de su tiempo. 24. Además, el Tribunal de Justicia ya ha declarado que el concepto de tiempo de trabajo en el sentido del artículo 15 del Reglamento n. 3821/85 abarca los momentos de

En todo caso, a lo que interesa a este estudio destaquemos de antemano la introducción de un tercer género añadido al binomio tiempo de trabajo/tiempo de descanso, el tiempo de disponibilidad, y la descripción detallada de las tareas que comprenden el tiempo de trabajo.

4.4.1. Conceptos de la Directiva 2002/15/CE

- Como la Directiva 205/47 en su artículo 3, se contienen las nociones de tiempo de trabajo, pero en este caso de forma diversa y más precisa,

  o «Trabajador móvil», el objeto de esta regulación es «cualquier trabajador que forme parte del personal que se desplace, incluidos las personas en prácticas y los aprendices, que estén al servicio de una empresa que efectúe, por cuenta ajena o propia, servicios de transporte de viajeros o de mercancías por carretera».

  o Se entiende por tiempo de trabajo en el caso de los trabajadores móviles[38] en el sector de carretera «todo período comprendido entre el inicio y el final del trabajo, durante el cual el trabajador móvil está en su lugar de trabajo, a disposición del empresario y en el ejercicio de sus funciones y actividades», o «el tiempo dedicado a todas las actividades de transporte por carretera», pasando a enumerar estas actividades de forma abierta: conducción, carga y descarga, asistencia a los pasajeros en la subida y bajada del vehículo, la limpieza y el mantenimiento técnico; y «todas las demás tareas cuyo objeto sea garantizar la seguridad del vehículo, de la carga y de los pasajeros o cumplir las obligaciones legales o reglamentarias directamente vinculadas a una operación de transporte específica que se esté llevando

---

actividad real del conductor que pueden influir en la conducción, incluido el tiempo de conducción (sentencia Michielsen y GTS, antes citada, apartado 14).25. Pues bien, el tiempo empleado por un conductor para desplazarse al lugar en que se hace cargo de un vehículo dotado de tacómetro puede afectar a la conducción, puesto que influye en el estado de fatiga del conductor. 26. A la luz del objetivo del Reglamento n. 3820/85 consistente en mejorar la seguridad en carretera, debe considerarse, por tanto, que dicho tiempo forma parte de los demás tiempos de trabajo en el sentido del artículo 15 del Reglamento n.º 3821/85. 27. Dicha interpretación es conforme asimismo con el objetivo consistente en mejorar las condiciones de trabajo de los conductores, ya que evita que sean considerados períodos de descanso determinados períodos durante los cuales éstos ejercen una actividad que beneficia a sus empresarios. 28. No resulta decisivo a este respecto saber si el conductor recibió instrucciones precisas respecto a la forma en que debía realizar dicho trayecto. En efecto, al desplazarse a un lugar preciso y más o menos alejado del centro de operaciones de su empresario, el conductor realiza una tarea que le incumbe en virtud de la relación que le vincula a su empresario. Durante dicho período, no dispone libremente de su tiempo.» STJUE de 18 de enero del 2001, C-297/99, asunto SKILLS MOTOR COACHES LTD.

[38] Aplicable también a los aprendices y trabajadores en prácticas, art. 6 de la Directiva. Se conceptúa el trabajador móvil como «"trabajador móvil", cualquier trabajador que forme parte del personal que se desplace, incluidos las personas en prácticas y los aprendices, que estén al servicio de una empresa que efectúe, por cuenta ajena o propia, servicios de transporte de viajeros o de mercancías por carretera» —art. 3—.

45

a cabo, incluidos el control de la carga y descarga, los trámites administrativos de policía, aduanas, funcionarios de inmigración, etc.».

o También se considera de forma expresa tiempo de trabajo el tiempo de presencia definido como: «los períodos durante los cuales el trabajador móvil no puede disponer libremente de su tiempo y tiene que permanecer en su lugar de trabajo, dispuesto a realizar su trabajo normal, realizando determinadas tareas relacionadas con el servicio, en particular, los períodos de espera de carga y descarga, cuando no se conoce de antemano su duración previsible, es decir, o bien antes de la partida o antes del inicio efectivo del período de que se trate, o bien en las condiciones generales negociadas entre los interlocutores sociales o definidas por la legislación de los Estados miembros».

o Se contiene un concepto propio de tiempo de trabajo para los conductores autónomos[39]: «todo período comprendido entre el inicio y el final del trabajo durante el cual el conductor autónomo está en su lugar de trabajo, a disposición del cliente y ejerciendo sus funciones y actividades, a excepción de las labores generales de tipo administrativo que no están directamente vinculadas a una operación de transporte específica en marcha».

o Se excluye del concepto de «tiempo de trabajo» las pausas de la jornada diaria, el tiempo de descanso contemplado en el artículo 6, así como, sin perjuicio de la legislación de los Estados miembros o de los acuerdos negociados entre los interlocutores sociales que establezcan que tales períodos sean compensados o limitados, el tiempo de disponibilidad contemplado en la letra b) del presente artículo.

o A diferencia de regulación general, y este elemento es clave, se establece el concepto de «tiempo de disponibilidad» en el mismo artículo 3 b) concebido como «los períodos distintos de los períodos de pausa o de descanso durante los que el trabajador móvil no está obligado a permanecer en su lugar de trabajo, pero tiene que estar disponible para responder a posibles instrucciones que le ordenen emprender o reanudar la conducción o realizar otros trabajos.

---

[39] El art. 3 e) define al conductor autónomo como «toda persona cuya actividad profesional principal consista en efectuar servicios de transporte de viajeros o de mercancías por carretera a cambio de una remuneración en el sentido de la legislación comunitaria y al amparo de una licencia comunitaria o de cualquier otra habilitación profesional para llevar a cabo los servicios de transportes mencionados, que esté habilitada para trabajar por cuenta propia y que no esté relacionada con un empresario mediante un contrato de trabajo o mediante cualquier otro tipo de relación laboral jerárquica, que es libre para organizar las actividades laborales pertinentes, cuyos ingresos dependan directamente de los beneficios realizados y que disponga de la libertad necesaria para mantener relaciones comerciales con varios clientes, ya sea individualmente o en colaboración con otros conductores autónomos». Se considera trabajador por cuenta ajena el que no cumpla estos criterios conforme al propio art. 3: «A los efectos de la presente Directiva, los conductores que no cumplan estos criterios estarán sometidos a los mismos derechos y obligaciones previstos por la presente Directiva para los trabajadores móviles».

En particular, se considera tiempo de disponibilidad los períodos durante los que el trabajador móvil acompaña un vehículo transportado en transbordador o en tren y los períodos de espera en las fronteras o los causados por las prohibiciones de circular.» También se considera tiempo de disponibilidad «para los trabajadores móviles que conducen en equipo, el tiempo transcurrido durante la circulación del vehículo sentado junto al conductor o acostado en una litera».

Respecto de éstos: El trabajador móvil deberá conocer de antemano estos períodos y su previsible duración, es decir, antes de la salida o justo antes del inicio efectivo del período de que se trate o bien en las condiciones generales negociadas entre los interlocutores sociales y/o definidas en la legislación de los Estados miembros;

- Dada la especialidad de la actividad, se contiene una disposición específica para la definición de «lugar de trabajo» en el propio art. 3 c):

  o «lugar donde está ubicado el establecimiento principal de la empresa para la que trabaja la persona que realiza actividades móviles de transporte por carretera, y sus diversos establecimientos secundarios, coincidan o no con su domicilio social o su establecimiento principal,

  o el vehículo que utiliza la persona que realiza actividades móviles de transporte por carretera cuando realiza su trabajo, y cualquier otro lugar donde se llevan a cabo las actividades relacionadas con la ejecución del transporte».

La diferenciación entre tiempo de trabajo y tiempo de disponibilidad y periodo de descanso es esencial, puesto que a efectos del tiempo de trabajo semanal máximo[40] no se computa el tiempo de disponibilidad.

4.4.2. Normas sobre tiempo de trabajo de la Directiva 2002/15/CE

Las reglas sobre tiempo de trabajo se contienen en los artículos 4 a 10 de la Directiva, junto al art. 6 del Reglamento. Estamos ante normas mínimas de derecho necesario en tanto se faculta a los Estados miembros para «aplicar o introducir» normas más favorables[41]. Coincide la Directiva 2002/15/CE, por lo demás, con la metodología de la normativa general al permitir la excepción de las reglas mínimas generales a través de la negociación colectiva o de desarrollo normativo

---

[40] Art. 4 de la Directiva 2002/15/CE.
[41] Art. 10 Directiva 2002/15/CE.

previa consulta con las organizaciones sindicales y empresariales[42], si bien, en el caso de las reglas sobre tiempo de trabajo máximo semanal las excepciones están a su vez cercenadas[43],

Reglas:

- Acerca de la duración máxima de tiempo de trabajo semanal. El «tiempo de trabajo por cuenta de más de un empresario sea la suma de las horas trabajadas. El empresario solicitará por escrito al trabajador móvil el cómputo del tiempo de trabajo efectuado para otro empresario. El trabajador móvil facilitará estos datos por escrito».

- Descanso semanal:

  o Conforme al art. 6.1 del Reglamento, «si el tiempo total de conducción durante los seis días no sobrepasare el máximo correspondiente a seis períodos de conducción diarios, el período de descanso semanal podrá trasladarse hasta el final del sexto día»; «siempre y cuando los conductores afectados no superen una duración media de cuarenta y ocho horas por semana calculada sobre un período de cuatro meses».

- Pausas:

  o De ninguna forma, se prestará servicio durante más de seis horas consecutivas sin pausa.
  o El trabajo se interrumpirá con una pausa de treinta minutos como mínimo si el tiempo de trabajo total se halla comprendido entre seis y nueve horas, y con una pausa de cuarenta y cinco minutos como mínimo si el tiempo de trabajo total es de más de nueve horas.
  o Las pausas podrán subdividirse cada una en períodos de una duración de quince minutos como mínimo.

---

[42] Artículo 8: «Excepciones. 1. Por razones objetivas o técnicas o por razones relacionadas con la organización del trabajo, podrán establecerse excepciones a lo dispuesto en los artículos 4 y 7 por medio de convenios colectivos, acuerdos entre los interlocutores sociales o, si ello no es posible, por medio de disposiciones legales, reglamentarias o administrativas siempre que se consulte a los representantes de los empresarios y de los trabajadores interesados y se realicen esfuerzos para fomentar todas las formas pertinentes de diálogo social.»

[43] Art. 8.2: «Cualquier excepción relativa al artículo 4 no podrá tener como consecuencia el establecimiento de un período de referencia superior a seis meses para el cálculo de la media de la duración máxima del tiempo de trabajo semanal de cuarenta y ocho horas.»

- Trabajo nocturno:

  o Cuando se efectúe trabajo nocturno, la jornada de trabajo diaria no excederá de diez horas por cada período de veinticuatro horas.
  o La compensación del trabajo nocturno se ajustará a las normativas legales nacionales, a los convenios colectivos, a los acuerdos entre los interlocutores sociales y/o a las prácticas nacionales, a condición de que dicha compensación no pueda poner en peligro la seguridad vial.

- Registro. Se registrará el tiempo de trabajo de las personas que realizan actividades móviles de transporte por carretera.

  o Estos registros deberán conservarse como mínimo durante dos años después de que finalice el período contemplado.
  o Los empresarios serán los responsables del registro del tiempo de trabajo de los trabajadores móviles.
  o El empresario estará obligado a facilitar a los trabajadores móviles que así lo soliciten una copia del registro de las horas trabajadas.

4.5. La Directiva 94/33/CE del Consejo, de 22 de junio de 1994, relativa a la protección de los jóvenes en el trabajo[44]

Los derechos de los jóvenes y los niños no alcanzan sorprendentemente en la Unión Europea un nivel de protección especialmente destacable[45]. La singular Directiva 94/33/CE, de 22 de junio de 1994, relativa a la protección de los jóvenes en el trabajo contiene junto toda una serie de prescripciones no solo sobrepasadas y obsoletas en gran parte[46] sino en algún caso de dudosa conciliación con los derechos fundamentales como la posibilidad de que se excluya por el Estado miembro el trabajo doméstico de esta peculiar regulación tan básica[47], pero

---

[44] DOCE núm. 216, de 20 de agosto de 1994, pp. 12-20.
[45] «En nuestro caso, la Directiva 94/33/CE, el artículo 7 de la Carta Social Europea y los puntos 20 a 23 de la Carta Comunitaria de los Derechos Sociales Fundamentales de los Trabajadores, confirman la primera impresión sobre el carácter nada innovador de la Carta en esta materia», IGARTUA MIRÓ, M. T. y MARÍN ALONSO, I., «Prohibición de trabajo infantil y protección del trabajo de los jóvenes en la Constitución Europea». Revista del Ministerio de Trabajo y Asuntos Sociales, núm. 57, p. 533, consultado en: https://idus.us.es/bitstream/handle/11441/43599/Prohibici%C3%B3n%20de%20trabajo%20infantil%20y%20protecci%C3%B3n%20del%20trabajo%20de%20los%20j%C3%B3venes%20en%20la%20Constituci%C3%B3n%20Europea.pdf?
La regulación de la Directiva ha sido calificada amablemente por la doctrina española como «incompleta». *Ibidem*, p. 537.
[46] No se puede calificar de otra forma la regulación sobre el tiempo de trabajo de los adolescentes, excesiva a todas luces.
[47] Art. 2.2 Directiva 94/33/CE.

lamentablemente hoy constituye sobre tiempo de trabajo la norma mínima relativa tanto respecto.

- a los denominados jóvenes, toda persona menor de 18 años contemplada en el apartado 1 del artículo 2 —art. 3 a) de la Directiva)—,
- como a los adolescentes —todo joven de 15 años como mínimo, pero menor de 18 años, que ya no esté sujeto a la escolaridad obligatoria a tiempo completo impuesta por la legislación nacional (art. 3 c))—,
- y también niños —todo joven menor de 15 años o que aún esté sujeto a la escolaridad obligatoria a tiempo completo impuesta por la legislación nacional (art. 3 b)—; respecto de los cuales la prohibición general de trabajar sentada en los artículos 4 y 5 de la Directiva se peculiariza de forma demasiado generosa al permitir al Estado Miembro no solo la posibilidad de admitir la prestación de servicios a los niños,

    - mediante autorización administrativa de actividades de carácter cultural, artístico, deportivo o publicitario se someterá, en cada caso, a un procedimiento de autorización previa expedido por la autoridad competente[48].
    - Sino también a los niños de

        - al menos 14 años que trabajen en el marco de un régimen de formación en alternancia o de prácticas en empresas, siempre que dicho trabajo sea realizado conforme a las condiciones prescritas por la autoridad competente;
        - al menos 14 años que efectúen trabajos ligeros distintos de los contemplados en el artículo 5;
    - Además, los niños podrán, a partir de la edad de 13 años, realizar trabajos ligeros, 5, durante un número limitado de horas por semana y para ciertas categorías de trabajos determinados en la legislación nacional.

Veamos, en todo caso, sus reglas principales en cuanto al tiempo de trabajo (artículo 8 tiempo de trabajo en general y artículos 9 respecto a trabajo nocturno y 10 periodo de descanso),

- Respecto de los niños, cuando el Estado miembro admite la posibilidad de que trabajen, lo que, a todas luces es improcedente, estableciendo las siguientes y, sin duda, demasiado laxas limitaciones:

---

[48] Artículo 5.1 Directiva 94/33/CE.

o   ocho horas diarias y a 40 horas semanales para los niños que sigan un régimen de formación en alternancia o de prácticas en empresa, teniendo en cuenta que el tiempo de formación se computa a estos efectos como de trabajo.

o   a dos horas por día de enseñanza y a doce horas semanales para los trabajos realizados durante el período escolar fuera de las horas lectivas, en la medida en que la legislación y/o la práctica nacional no los prohíban;

o   el tiempo diario de trabajo en ningún caso podrá exceder de siete horas; este límite podrá ampliarse a ocho horas para los niños que hayan cumplido 15 años;

o   a siete horas diarias y a 35 horas semanales para los trabajos realizados durante un período de inactividad escolar de al menos una semana; estos límites podrán ampliarse a ocho horas diarias y a 40 horas semanales para los niños que hayan cumplido 15 años;

o   a siete horas diarias y a 35 horas semanales para los trabajos ligeros realizados por niños que ya no estén sujetos a la escolaridad obligatoria a tiempo completo impuesta por la legislación nacional.

o   Se prohíbe, en todo caso, el trabajo de los niños entre las ocho de la tarde y las seis de la mañana.

o   En caso de actividad se garantizará un período mínimo de descanso de 14 horas consecutivas por cada período de 24 horas.

- Adolescentes,

   o   Se limitará el tiempo de trabajo de los adolescentes a ocho horas diarias y a 40 horas semanales.

   o   El tiempo dedicado a su formación por el joven que trabaje en el marco de un régimen de formación teórica y/o práctica en alternancia o de prácticas en empresa quedará incluido en el tiempo de trabajo.

   o   Se prohíbe el trabajo de los adolescentes entre las diez de la noche y las seis de la mañana o entre las once de la noche y las siete de la mañana. Si bien, de forma realmente anómala, el Estado miembro, los Estados miembros podrán autorizar, por vía legislativa o reglamentaria, el trabajo de adolescentes durante el período de prohibición de trabajo nocturno. A ello sigue un régimen de excepciones y contra excepciones ligadas a ciertos sectores absolutamente inadecuado que minimiza el sentido de una regulación ya de por sí extremadamente flexible para una cuestión que merece una mirada diferente[49].

---

[49] Conforme al art. 9 2. «a) En determinados sectores.
En este caso, los Estados miembros tomarán las medidas necesarias para que un adulto vigile al adolescente siempre que dicha vigilancia sea necesaria para la protección de adolescente.

o   En caso de que se permita la actividad, en materia de descanso:

- Se garantizará que disfruten de un período mínimo de descanso de 12 horas consecutivas por cada período de 24 horas.
- Por cada período de siete días, se garantizará que disfruten de un período mínimo de descanso de dos días, a ser posible consecutivos, si bien cuando razones técnicas o de organización así lo justifiquen, podrá reducirse el período mínimo de descanso, si bien en ningún caso podrá ser inferior a 36 horas consecutivas.
- No obstante, de nuevo una excepción: los Estados miembros podrán prever, que los períodos mínimos de descanso puedan interrumpirse cuando se trate de actividades caracterizadas por períodos de trabajo fraccionados o de corta duración a lo largo del día.
- Los Estados miembros podrán admitir el trabajo cuando razones objetivas así lo justifiquen y siempre que se conceda a los adolescentes un descanso compensatorio adecuado en las siguientes actividades:

  a) trabajos realizados en los sectores de navegación o pesca;
  b) trabajos realizados en el marco de las fuerzas armadas o de la policía;
  c) trabajos realizados en hospitales o establecimientos similares;
  d) trabajos realizados en la agricultura;
  e) trabajos realizados en el sector del turismo o en el sector de la hostelería y de la restauración;
  f) actividades caracterizadas por períodos de trabajo fraccionados a lo largo del día.

---

b) En caso de aplicación de la letra a) seguirá prohibido el trabajo entre las doce de la noche y las cuatro de la madrugada.
No obstante, los Estados miembros podrán autorizar, por vía legislativa o reglamentaria, el trabajo de adolescentes durante el período de prohibición de trabajo nocturno, en los casos que se mencionan a continuación, cuando razones objetivas así lo justifiquen y siempre que se conceda a los adolescentes un descanso compensatorio adecuado y que no se pongan en entredicho los objetivos a que se refiere el artículo 1:
- trabajos realizados en los sectores navegación o pesca,
- trabajos realizados en el marco de las fuerzas armadas o de la policía,
- trabajos realizados en hospitales o establecimientos similares,
- actividades de carácter cultural, artístico, deportivo o publicitario.
3. Antes de poder ser destinados al trabajo nocturno y, posteriormente, a intervalos regulares, los adolescentes tendrán derecho gratuitamente a un reconocimiento médico y a una evaluación de sus condiciones, salvo cuando su trabajo durante el período de prohibición de trabajo tenga un carácter excepcional.»

- Jóvenes,

  o cuando un joven esté empleado por varios empresarios, a efectos de cómputo se sumarán los días de trabajo y las horas de trabajo realizados.

  o los jóvenes que trabajen más de cuatro horas y media al día disfruten de una pausa de al menos treinta minutos, a ser posibles consecutivos.

5. La renovación pendiente de la Directiva 2003/88/CE

La renovación de la Directiva 2003/88/CE sobre tiempo de trabajo ha supuesto desde el primer momento un tortuoso camino de enfrentamientos y desencuentros[1] que se inicia el 22 de septiembre del 2004 con la primera propuesta de la Comisión Europea acerca de la reforma de aquella[2]. Tal vez debido al «marco bifronte» de la discusión en la que confluyen las tendencias de mercado o flexibilizadoras y la resistencia apoyada en la imprescindible garantía que imponen las normas de seguridad y salud[3]. Seguramente preocupada por los efectos de la Directiva 2003/88/CE sobre aspectos de vital importancia como el sistema sanitario, la Comisión al efectuar la revisión de ésta la focalizó en cuatro esferas sus pretensiones:

> «(…) la cláusula de no aplicación y el periodo de referencia para el cálculo de la jornada semanal máxima, el tratamiento del tiempo de presencia o tiempo de guardia y el del momento del disfrute del descanso compensatorio, cuando se aplican las excepciones previstas al régimen general de descansos»[4],

Con tal posición, se enfrentó a una radical oposición de la parte social[5], especialmente en cuanto al mantenimiento de la cláusula *opt out*, la extensión del periodo de referencia para el computo de la jornada máxima, y la modificación del concepto de tiempo de trabajo.

---

[1] En esta materia, puede consultarse la descripción de esta problemática en SAEZ LARA, C., «Jurisprudencia comunitaria sobre ordenación del tiempo de trabajo», *Temas Laborales,* núm. 130/2015, pp. 248-251. El debate en sus comienzos en FERRADANS CARAMES, C., *La controvertida reforma de la Directiva sobre la Ordenación del Tiempo de Trabajo, op. cit.*, pp. 99-132.

[2] FERRADANS CARAMES, C., *op. cit.*, p. 99.

[3] *Ibidem*, p. 99.

[4] SAEZ LARA, C., «Jurisprudencia comunitaria sobre ordenación del tiempo de trabajo», *op. cit.*, p. 248.

[5] FERRADANS CARAMES, C., *op. cit.*, p. 101.

La Comisión Europea pretendía excluir del concepto de tiempo de trabajo los servicios de guardia o tiempos de presencia para proceder,

- bien a introducir un *tertium genus* entre el tiempo de descanso y el tiempo de trabajo, siguiendo la línea legislativa de algunos países[6], debido a la importante repercusión de la interpretación del TJUE sobre la organización del sistema sanitario y el notorio incremento de coste y recursos[7] que suponía la extensiva acepción de tiempo de trabajo,
- bien a utilizar cualquier otra alternativa[8] que soslayara la problemática advertida como la posible extensión de la cláusula ya reseñada de exclusión voluntaria.

Frente a la posición de la Comisión que logra un consenso en el seno del Consejo Europeo en junio del 2008[9], primero el Parlamento europeo[10] y después la parte social manifestaron una postura absolutamente contraria, entendiendo ésta última que «la Directiva ya era bastante flexible»[11] y, considerando el acuerdo del Consejo como «regresivo»[12]. Y es que la renovación y cambio de la Directiva 2003/88 ha estado sometida a numerosas controversias resultado de los diferentes intereses en juego en lo que ha pesado la existencia de posturas cuasi irreconci-

---

[6] FERRADANS CARAMES, C., *op. cit.*, p. 122.

[7] FERRADANS CARAMES, C., *ibidem.* Y no solo el sanitario menciona la autora: bomberos, policía, hostelería, asistencia a personas mayores, trabajadores ferroviarios, prisiones, nota 48.

[8] FERRADANS CARAMES, C., *ibidem*, p. 123.

[9] EUROPEAN TRADE UNION CONFEDERATION (ETUC), «Los derechos fundamentales y la directiva sobre el tiempo de trabajo», *op. cit.*, p. 8. La posición de la Comisión es recogida por MARTÍN RODRÍGUEZ, O., *op. cit.*, sin página: «La primera, no eliminar la cláusula de exclusión voluntaria de la Directiva para que los empleadores pudiesen llegar a acuerdos con los trabajadores de manera individual a fin de no aplicar los horarios máximos de trabajo de 40 horas por semana. La cláusula de exclusión voluntaria ha estado siendo promovida por Reino Unido junto con otros Estados miembros. La segunda, establecer que lo que se conoce como "periodos inactivos" del tiempo de guardia no sean considerados como tiempo de trabajo, aun cuando el trabajador deba permanecer disponible en su lugar de trabajo. Esta propuesta parte del principio de que los tiempos de guardia serían divididos en dos periodos: "activo" e "inactivo". Y la tercera, en lo que respecta al cómputo de la duración media máxima del trabajo semanal (48 horas), extender el periodo de referencia de cuatro meses a 12, sin referencia alguna a las disposiciones de salvaguardia adecuadas, por ejemplo, los convenios colectivos.»

[10] FERRADANS CARAMES, C., ibidem, p. 125: «El Parlamento Europeo, en oposición, aboga por la consideración del período inactivo de las guardias como tiempo efectivamente trabajado, aunque admitiendo que por ley o convenio colectivo estos tiempos puedan ser computados de forma específica a efectos de la duración media semanal máximo de 48 horas. Consecuentemente, el Parlamento aboga por contabilizar todas las horas de guardia como tiempo de trabajo efectivo, pero simultáneamente admite un cómputo especial y diferenciado de aquellas horas de inactividad, por ejemplo, determinándose que tres horas de guardia computadas corresponden a nueve horas reales de guardia, y siempre y cuando coetáneamente a esta medida se cumplan los principios generales de protección de la seguridad y salud de los trabajadores.»

[11] EUROPEAN TRADE UNION CONFEDERATION (ETUC), *Los derechos fundamentales y la directiva sobre el tiempo de trabajo, op. cit.*, p. 7.

[12] EUROPEAN TRADE UNION CONFEDERATION (ETUC), *Los derechos fundamentales y la directiva sobre el tiempo de trabajo, op. cit.*, p. 9.

liables[13], ante la negativa de la CES a las pretensiones aludidas[14] y su pretensión de eliminación de la controvertida cláusula *opt out*, así como el interés en la preservación de la doctrina del TJUE en cuanto al tiempo de guardia.

En suma, desde los inicios de la iniciativa de reforma de la Comisión hasta hoy todos los intentos de cambio han fracasado debido a una ausencia total de consenso en los contenidos preferibles aun cuando sí en la necesidad de la reforma[15], lo que ha llevado a la actual situación de estancamiento.

---

[13] «(…) la CES se ha mostrado profundamente preocupada por los constantes intentos de la Comisión Europea de socavar estos derechos fundamentales sometiendo a revisión la Directiva sobre el Tiempo de Trabajo», EUROPEAN TRADE UNION CONFEDERATION (ETUC), *Los derechos fundamentales y la directiva sobre el tiempo de trabajo, op. cit.,* p. 4. Un resumen acertado en MARTÍN RODRÍGUEZ, O., *op. cit.,* sin página: «La Confederación Europea de Sindicatos (CES) ha estado alegando que dichas disposiciones son regresivas y socavan las condiciones de trabajo y los derechos sindicales a la negociación colectiva. La posición del Consejo de 2008 no tuvo en cuenta ninguna de las propuestas formuladas por el Parlamento Europeo en primera lectura, por lo que el Parlamento en segunda lectura de 2008 rechazó la posición común de los Estados miembros. El resultado fue que la Directiva se encontrase en un callejón sin salida, principalmente en lo referente a las disposiciones sobre "exclusión voluntaria" y "tiempo de atención continuada", con la Comisión Europea y el Parlamento Europeo defendiendo posiciones opuestas. A principios de 2009, la Directiva fue remitida a una comisión de conciliación en el marco de procedimiento de codecisión entablado por el Consejo y el Parlamento; procedimiento que no tuvo buen fin, manteniéndose la situación de estancamiento.»

[14] Además, en cuanto a la intención de la Comisión de fortalecimiento de la cláusula de exclusión voluntaria especialmente en cuanto a la jornada semanal máxima y la extensión del periodo de referencia de cuatro a doce meses, los interlocutores sociales mostraban una absoluta oposición EUROPEAN TRADE UNION CONFEDERATION (ETUC), *Los derechos fundamentales y la directiva sobre el tiempo de trabajo, op. cit.,* pp. 8-18.

[15] Bien reflejado por SAEZ LARA: «En las diversas fases de la consulta se ha puesto de relieve, además de las posturas irreconciliables de los interlocutores sociales, la realidad de situaciones de incumplimiento por parte de los Estados miembros. Partiendo de la complejidad e importancia de la ordenación del tiempo de trabajo y de los nuevos riesgos que comporta para los trabajadores del siglo XXI, sí existe consenso en cuanto a mantener normas mínimas a nivel de la UE, pues no se piden cambios radicales, pero si una aplicación más flexible. En segundo lugar, también existe consenso sobre la necesidad de modificar la normativa actualmente vigente. En tercer lugar, también hemos de destacar que la regulación debe ser más clara y la existencia de consenso en relación con conferir mayor espacio de acción a los interlocutores sociales. Por último, en cuanto al contenido de los cambios normativos las posturas están lejos del consenso.» SAEZ LARA, C., *Jurisprudencia comunitaria sobre ordenación del tiempo de trabajo, op. cit.,* p. 250.

6. La jurisprudencia del TJUE en torno a la regulación comunitaria del tiempo de trabajo

6.1. Acerca de la noción de tiempo de trabajo

Adelantemos que la percepción comunitaria en esta materia es diversa a la tradicional de la regulación española como ya advertiremos posteriormente. La definición de tiempo de trabajo establecida en el art. 2 de la Directiva comunitaria 2003/88/CE es más amplia que la nacional, lo que es comprobable fácilmente en la utilización de términos diversos —«permanezca en el trabajo» y no en el puesto, a «disposición del empresario y en ejercicio de su actividad o de sus funciones», etc.—.

En todo caso, el concepto de tiempo de trabajo ha sido construido por la doctrina del TJUE desde las definiciones presentes en la Directiva comunitarias de forma absoluta y preeminente. Estamos ante un concepto que vincula y se impone a cualquier concepto construido en el exclusivo ámbito de la legislación nacional. Así ha sido declarado con firmeza y reiteración por el TJUE, manifestando que no cabe la delimitación unilateral de la noción de tiempo de trabajo por la legislación nacional del Estado miembro, sino que debe respetar, siempre y en todo caso, el concepto de la Directiva como autónomo[1], y ello «a pesar de la referencia a las «legislaciones y/o prácticas nacionales» contenida en el artículo 2 de la Directiva 2003/88». En suma:

---

[1] STJUE de 1 de diciembre del 2005, C14/04, asunto DELLAS, apartado 45: «los Estados miembros no pueden determinar unilateralmente el alcance de estos conceptos u otras disposiciones de la Directiva 93/104 negando el derecho de los trabajadores reconocido por esta Directiva al tiempo de trabajo y, en este contexto, al período de descanso debidamente tenido en cuenta, sujeto a cualquier condición o restricción. Cualquier otra interpretación frustraría la aplicación efectiva de esta Directiva e ignoraría su objetivo de garantizar la protección de la seguridad y la salud de los trabajadores mediante el establecimiento de requisitos mínimos (véanse JAEGER, antes citada, apartados 59, 70 y 82, y PFEIFFER Y OTROS apuntan 99)». ATJUE, de 11 de enero del 2007, C-437/05, asunto VOREL, apartado 26.

«(…) los Estados miembros no pueden determinar unilateralmente el alcance de los conceptos de "tiempo de trabajo" y "período de descanso", sometiendo a cualesquiera condiciones o restricciones el derecho, reconocido directamente a los trabajadores por esta Directiva, a que se tengan debidamente en cuenta los períodos de trabajo y, correlativamente, los períodos de descanso. Cualquier otra interpretación haría peligrar el efecto útil de la Directiva 2003/88 y desvirtuaría su objetivo»[2].

6.2. Consecuencias de la concepción de las reglas comunitarias sobre tiempo de trabajo como normas de seguridad y salud en el trabajo

Es igualmente importante, antes de comenzar con la exposición del contenido de los conceptos tiempo de trabajo y periodo de descanso, comprender la razón que impulsa al TJUE a la realización de una labor interpretativa de tanto calado e influencia en la legislación europea del Derecho Social. Y la motivación es clara, ya ha sido mencionada de forma breve anteriormente: la naturaleza de norma de Seguridad y Salud en el Trabajo de las prescripciones de la Directiva 2003/88/CE.

Estamos ante un texto dirigido a asegurar unas condiciones mínimas para la seguridad y salud de las personas trabajadoras lo que integra el derecho social de la Unión, en palabras literales del TJUE[3], esta es la clave, condiciones que deben anteponerse a cualquier consideración económica u organizativa.

De este modo, el coste de la medida no puede ser un obstáculo para la exigencia e imposición de estas normas[4], como tampoco puede subordinarse la vigencia del derecho comunitario a razones de tipo puramente económico[5] u organizativo, como pretendían los Estados Miembros afectados por el fallo en el caso concreto de la resolución judicial —España y Reino Unido— puesto que estamos ante medidas dirigidas a la mejora de la vida y seguridad y salud de las personas trabajadoras concebidas como mínimas de derecho necesario[6] que permiten, eso sí, su mejora por el legislador nacional[7].

---

[2] STJUE, Gran Sala, de 9 de marzo del 2021, C-344/19, asunto RADIOTELEVIZIJA SLOVENIJA, apartado 31.
[3] ATJUE, de 4 de marzo de 2011, C-258/10, asunto GRIGORE, apartado 41.
[4] STJUE de 26 de junio de 2001, C-173/99, asunto BECTU, apartado 59.
[5] STJUE, de 10 de septiembre de 2015, C 266/14, asunto TYCO, apartado 41.
[6] STJUE, de 9 de septiembre de 2003, C 151/02, asunto JAEGER, apartados 66 y 67 Gran Sala, de 14 de mayo del 2019, C 55-18, asunto CCOO Y DEUTSCHE BANK, S.A.E., apartado 60. véanse, en este sentido, las sentencias de 26 junio de 2001, BECTU, C 173/99, EU:C:2001:356, apartado 59,).
[7] STJUE, de 9 de septiembre de 2003, C 151/02, asunto JAEGER, apartado 80.

E igualmente, los conceptos de «tiempo de trabajo» y «tiempo de descanso» han de interpretarse conforme a la normativa comunitaria y no de acuerdo a la normativa de los Estados Miembros, como cualquier parte de las disposiciones comunitarias contenidas en las Directivas sobre tiempo de trabajo[8], dado que son conceptos propios del derecho comunitario que exigen una labor hermenéutica independiente y autónoma de la propia de las legislaciones nacionales[9], que asegure la mejora de las condiciones de vida y trabajo de las personas trabajadoras a través de la exigencia de los mínimos de derecho necesario aludidos[10] implementados por la originaria Directiva 93/104/CE y también por sus sucesora la Directiva 2003/88/CE, con tal finalidad[11], buscando la armonización de las legislaciones nacionales, a fin de garantizar la protección de la seguridad y salud de los trabajadores[12] para lo cual se establecen esas normas sobre periodos mínimos de descanso, diario y semanal[13], o limitaciones a la duración máxima de la jornada semanal[14], cuyo objetivo es, insistamos como continuamente lo hace el TJUE, impulsar de forma eficaz la seguridad y salud de las personas trabajadoras. Y, así, con el establecimiento de los períodos de descanso mínimos se busca la recuperación de aquellas frente al agotamiento y cansancio producido por la actividad laboral y la prevención de cualquier alteración de la salud que pudiera derivar de la sucesión de un trabajo sin el necesario descanso[15]. Y, por ello, también se explicita que la empresa no puede establecer periodos de guardia tan frecuentes o extensos que perjudiquen la salud y seguridad de la persona trabajadora[16]. Esta preocupación constante por la seguridad y salud del trabajador no sólo se manifiesta en la interpretación de la Directiva 2003/88/CE, sino también en la de la Directiva 2002/15/CE del Parlamento Europeo y del Consejo, de 11 de marzo de 2002, relativa a la ordenación del tiempo de trabajo de las personas que realizan actividades móviles de transporte por carretera[17].

---

[8] STJUE, Gran Sala, de 5 de octubre del 2004, asuntos acumulados C-397/01 a C-403/01, asunto PFEIFFER y otros, apartado 99.

[9] STJUE, Gran Sala, de 9 de marzo de 2021, C-580/19, asunto STADT OFFENBACH AM MAIN, apartados 31 y 32. Idénticamente, STJUE, de 9 de septiembre de 2021, C-107/19, asunto DOPRAVNÍ PODNIK HL. M., apartado 29.

[10] STJUE de 1 de diciembre del 2005, C14/04, asunto DELLAS, apartado 44. STJUE, Gran Sala, de 9 de marzo del 2021, C-344/19, asunto RADIOTELEVIZIJA SLOVENIJA, apartado 31.

[11] STJUE de 1 de diciembre del 2005, C14/04, asunto DELLAS, apartado 40.

[12] SSTJUE, de 9 de septiembre de 2003, C 151/02, asunto JAEGER, apartados 66 y 67 de 1 de diciembre del 2005, C14/04, asunto DELLAS, apartados 39 y 41; STJUE, de 3 de octubre del 2000, C-303/98, asunto SIMAP, apartado 49; STJUE de 26 de junio de 2001, C-173/99, asunto BECTU, apartado 40.

[13] STJUE, Gran Sala, de 14 de mayo del 2019, C 55-18, asunto CCOO Y DEUTSCHE BANK, S.A.E. apartado 37.

[14] STJUE, Gran Sala, de 14 de mayo del 2019, C 55-18, asunto CCOO y Deutsche Bank, S.A.E., apartados 49 y 50.

[15] STJUE de 14 de octubre del 2010, C-428/09, asunto ISERE, apartados 21 a 24.

[16] SSTJUE, Gran Sala, de 9 de marzo del 2021, C-344/19, asunto RADIOTELEVIZIJA SLOVENIJA, apartados 64 y 65 y de 9 de marzo de 2021, C-580/19, asunto STADT OFFENBACH AM MAIN, apartado 60.

[17] «25. Pues bien, el tiempo empleado por un conductor para desplazarse al lugar en que se hace cargo de un vehículo dotado de tacómetro puede afectar a la conducción, puesto que influye en el estado de fatiga del conductor.» STJUE de 18 de enero del 2001, C-297/99, asunto SKILLS MOTOR COACHES LTD.

Una última consideración es importante a los efectos de la comprensión de la doctrina del TJUE. En ella, se mantiene la percepción del trabajador como la «parte débil de la relación laboral»[18]. Se conserva el sentido tuitivo del Derecho del Trabajo, olvidado en otros ámbitos en favor de una paridad de armas no manifestada expresamente y, por lo demás, claramente inexistente. Y es ese rasgo el que va también a determinar gran parte de las conclusiones del TJUE en torno a las obligaciones empresariales en esta materia.

6.3. El tiempo de guardia como tiempo de trabajo

6.3.1. Tiempo de trabajo frente a tiempo de descanso

Una de las cuestiones de mayor incidencia en la realidad laboral española de la doctrina judicial comunitaria ha sido la consideración del denominado tiempo de guardia o de disponibilidad como tiempo de trabajo en ciertos supuestos.

La importancia de la doctrina del TJUE en esta materia es vital porque rompe el esquema tradicional jurídico español que diferencia entre tres ámbitos diferentes: tiempo de trabajo, periodo de descanso y tiempo a disposición de la empresa, puesto que la concepción normativa comunitaria, a excepción de ciertas actividades específicas es binaria y no trinitaria. La concepción de tiempo de trabajo del art. 2 de la Directiva 2003/88 se basa en dos conceptos antitéticos, que «se excluyen mutuamente»[19], sencillamente opuestos sin que quepa la posibilidad de categorías intermedias[20].

---

[18] «A este respecto, ha de recordarse que el trabajador debe ser considerado la parte débil de la relación laboral, de modo que es necesario impedir que el empresario pueda imponerle una restricción de sus derechos (sentencias de 5 de octubre de 2004, PFEIFFER Y OTROS, C 397/01 a C 403/01, EU:C:2004:584, apartado 82; de 25 de noviembre de 2010, FUß, C 429/09, EU:C:2010:717, apartado 80, y de 6 de noviembre de 2018, MAX-PLANCK-GESELLSCHAFT ZUR FÖRDERUNG DER WISSENSCHAFTEN, C 684/16, EU:C:2018:874, apartado 41).» También destaca esa situación de desequilibrio, STJUE, Gran Sala, de 14 de mayo del 2019, C 55-18, asunto CCOO Y DEUTSCHE BANK, S.A.E., apartados 44 y 55 y STJUE, Gran Sala, de 5 de octubre del 2004, asuntos acumulados C-397/01 a C-403/01, asunto PFEIFFER y otros, apartado 82. Es importante aportar también la Sentencia sobre la noción de tiempo de trabajo y la inclusión en el mimo de la formación profesional en litigio STJUE de 28 de octubre del 2021, C-909/19, asunto UNITATEA ADMINISTRATIV TERITORIALĂ D, apartado 45: «Es preciso añadir que la interpretación que se hace se ve corroborada por el objetivo de la Directiva 2003/88, recordado en el apartado 35 de la presente sentencia, así como por la jurisprudencia, mencionada en el apartado 36 de la presente sentencia, según la cual las disposiciones de la Directiva 2003/88 no pueden ser objeto de una interpretación restrictiva en perjuicio de los derechos que la Directiva concede al trabajador. En efecto, una interpretación del concepto de «tiempo de trabajo», en el sentido del artículo 2, punto 1, de dicha Directiva, en la que no cupiesen los períodos de formación profesional completados por el trabajador a iniciativa de su empresario podría permitir a este imponer al trabajador, que es la parte débil de la relación laboral (véase, en este sentido, las sentencias de 14 de mayo de 2019, CCOO, C-55/18, EU:C:2019:402, apartado 44, y de 17 de marzo de 2021, Academia de Studii Economice din Bucureşti, C-585/19, EU:C:2021:210, apartado 51), obligaciones de formación fuera de las horas normales de trabajo, en perjuicio del derecho del trabajador a disfrutar de un reposo suficiente».

[19] STJUE, de 21 de febrero del 2018, asunto C 518/15, Caso MATZAK, apartado 55. Idénticamente, considera la existencia en este ámbito de dos conceptos que se excluyen entre sí. STJUE de 1 de diciembre del 2005, C14/04,

Partiendo de esa concepción binaria tiempo de trabajo/periodo de descanso del art. 2 de la Directiva 2003/88, no cabe un *tertium genus*[21], luego el tiempo de guardia será necesariamente o tiempo de trabajo o periodo de descanso. A diferencia de la regulación española, donde para ciertos sectores se consagra con carácter general la existencia de ese tercer genero denominado tiempo de presencia, principalmente en el RD Real Decreto 1561/1995, de 21 de septiembre, sobre jornadas especiales de trabajo[22].

El TJUE no califica de antemano si el tiempo de guardia o a disposición de la empresa se incluye en uno de los dos ámbitos antes señalados, tiempo de trabajo o tiempo de descanso, sino que utiliza una serie de criterios o indicios para dilucidar si estamos ante uno u otro supuesto.

6.3.2. *Criterios delimitadores de la existencia de tiempo de trabajo*

Podemos señalar una serie de notas útiles, debiendo matizar, empero, que todas las circunstancias concurrentes en el desarrollo del periodo de guardia se deben tener en cuenta para la apreciación de la existencia o no de tiempo de trabajo[23]. Es imprescindible la «apreciación» del caso concreto[24] pero también «global»[25] de las circunstancias aludidas.

---

asunto DELLAS, Apartado 42. «(…) Además, dentro del sistema de la Directiva 93/104/CE, dicho concepto se concibe en contraposición al de período de descanso, al excluirse mutuamente ambos conceptos.», STJUE, de 3 de octubre del 2000, C-303/98, asunto SIMAP, apartado 47. Idénticamente con expresa mención de la Directiva 2033/88/CE, STJUE, de 9 de septiembre de 2021, C-107/19, asunto DOPRAVNÍ PODNIK HL. M., apartado 28 y ATJUE, de 4 de marzo de 2011, C-258/10, asunto GRIGORE, apartado 42.

[20] ATJUE, de 4 de marzo de 2011, C-258/10, asunto GRIGORE, apartado 43.

[21] No existe una categoría o concepto intermedio entre el tiempo de trabajo y el tiempo de descanso. STJUE de 1 de diciembre del 2005, C14/04, asunto DELLAS, Apartado 43. En el mismo sentido, STJUE de 9 de marzo de 2021, C-580/19, asunto STADT OFFENBACH AM MAIN, apartado 30.

[22] Nos remitimos a la lectura del art. 8 del Real Decreto 1561/1995, de 21 de septiembre, sobre jornadas especiales de trabajo bajo la rúbrica tiempo de trabajo y tiempo de presencia donde en ciertos sectores —transporte, trabajo en el mar— se admite la existencia de la diferenciación entre tiempo de trabajo efectivo y tiempo de presencia, considerando el segundo como aquel «en el que el trabajador se encuentre a disposición del empresario sin prestar trabajo efectivo, por razones de espera, expectativas, servicios de guardia, viajes sin servicio, averías, comidas en ruta u otras similares.», remitiéndose a la negociación colectiva en lo que concierne a la posibilidad de concretar supuestos definibles como tiempo de presencia —núm. 2 del art. 8— y estableciendo en su núm. 3 una serie de reglas respecto a tales periodos de presencia en salvaguarda de la persona trabajadora —limitación a un máximo de 20 horas semanales en un periodo de referencia mensual, respeto de las limitaciones en materia de descanso entre jornada y semanal— pero también de extrema suavización de la regulación ordinaria sobre el tiempo de trabajo —no cómputo del tiempo de presencia para la obtención de la jornada máxima de trabajo, ni para el cálculo del máximo de las horas extraordinarias—, junto a otras reglas más neutras —retribución mínima como horas ordinarias, etc.—.

[23] STJUE, Gran Sala, de 9 de marzo de 2021, C-580/19, asunto STADT OFFENBACH AM MAIN, de apartado 61.

[24] STJUE, de 9 de septiembre de 2021, C-107/19, asunto DOPRAVNÍ PODNIK HL. M., apartado 36.

[25] STJUE, de 9 de septiembre de 2021, C-107/19, asunto DOPRAVNÍ PODNIK HL. M., apartado 43. En el mismo sentido, STJUE, de11 de noviembre de 2021, C-214/20, asunto MG Y DUBLIN CITY COUNCIL, apartado 48.

- Ni el rendimiento, ni la intensidad de trabajo se consideran herramientas útiles para determinar si estamos ante tiempo de trabajo o periodo de descanso[26]. Tampoco es un criterio adecuado a este respecto el tipo de actividad o tarea realizada por la persona trabajadora[27].

- La determinación del periodo de guardia como tiempo de trabajo o tiempo de descanso se establece en función de las restricciones o limitaciones que recaen sobre la persona trabajadora, sea cual sea el origen de estas (normativo, negocial, contractual o decisión unilateral de la empresa) para administrar su tiempo libre[28].

- En ningún caso, puede abandonarse como criterio general la consideración del tiempo de guardia como tiempo de trabajo pues ello supondría arriesgar el objetivo de la Directiva 2003/88/CE, la protección de la salud y la seguridad de las personas trabajadoras, a través del disfrute de períodos mínimos de descanso y de períodos de pausa adecuados[29].

- Sí es un criterio adecuado a fin de dilucidar la existencia o no de tiempo de trabajo, la necesidad de estar a disposición inmediata de la empresa en caso de que sea necesario[30]. De hecho, para el TJUE, es un factor «determinante» para considerar la existencia de tiempo de trabajo la presencia en un lugar determinado por la empresa, a disposición de ésta, con la obligación de acudir con de forma inmediata ante el llamado empresarial para efectuar las prestaciones a realizar[31]. Lugar que puede coincidir con el centro de trabajo o con una ubicación que forme parte de la esfera personal del trabajador, se trata del «lugar físicamente determinado por el empresario»[32].

- Es importante a estos efectos la extensión del plazo en el cual la persona trabajadora deba incorporarse a realizar la prestación efectiva objeto de la guardia[33]. La brevedad del mismo será un importante indicio para considerar que estamos ante tiempo de trabajo y no de descanso.

- Sí debe estimarse un indicio adecuado a estos efectos la concurrencia de ciertas obligaciones para el trabajador, como la exigencia de presencia física en un lugar determinado por la empresa, encontrándose a disposición de

---

[26] STJUE, de 21 de febrero del 2018, asunto C 518/15, Caso MATZAK, apartado 56. STJUE de 1 de diciembre del 2005, C14/04, asunto DELLAS, apartado 43.

[27] STJUE, Gran Sala, de 9 de marzo del 2021, C-344/19, asunto RADIOTELEVIZIJA SLOVENIJA, apartado 35.

[28] SSTJUE, Gran Sala, de 9 de marzo del 2021, C-344/19, asunto RADIOTELEVIZIJA SLOVENIJA y de 9 de marzo de 2021, C-580/19, asunto STADT OFFENBACH AM MAIN, apartado 40.

[29] STJUE, de 21 de febrero del 2018, asunto C 518/15, Caso MATZAK, apartado 58.

[30] STJUE de 10 de septiembre de 2015, C 266/14, asunto TYCO, apartado 35.

[31] ATJUE, de 4 de marzo de 2011, C-258/10, asunto GRIGORE, apartado 53.

[32] STJUE, Gran Sala, de 9 de marzo de 2021, C-580/19, asunto STADT OFFENBACH AM MAIN, apartado 35.

[33] SSTJUE, Gran Sala, de 9 de marzo del 2021, C-344/19, asunto RADIOTELEVIZIJA SLOVENIJA, apartado 41. STJUE, Gran Sala, de 9 de marzo de 2021, C-580/19, asunto STADT OFFENBACH AM MAIN, apartado 47.

ésta en el mismo para prestar inmediatamente los servicios convenidos en el supuesto de que fuera necesario[34].

Debe tenerse en cuenta que el concepto lugar de trabajo ha de entenderse en sentido amplio, como todo aquel ámbito físico en el cual la persona trabajadora debe efectuar su prestación aun cuando no sea precisamente aquel espacio en el que se efectúa normalmente las tareas profesionales[35]. El indicio es más fuerte si el régimen de presencia física se plasma en el propio centro de trabajo[36].

Carece de incidencia que en los periodos de guardia se alternen espacios temporales y de inactividad[37].

- La prestación fuera del lugar de trabajo se considera un indicio, aun cuando no determinante, de la no existencia de tiempo de trabajo puesto que parece adecuado a la realidad considerar que la persona trabajadora puede dedicarse a sus asuntos e intereses personales con menos restricciones que si obligadamente debe encontrarse en un centro de trabajo[38].
- La distancia entre el domicilio de la persona trabajadora y el lugar donde debe de prestar sus servicios en caso de que sea requerido durante el periodo de guardia no es un criterio «pertinente» para catalogar de por sí a ese periodo como tiempo de trabajo o tiempo de descanso, al menos cuando es el lugar de trabajo a donde debe acudir aquella[39]. Tampoco constituyen criterios a tener en cuenta las posibilidades de ocio que posee la persona trabajadora en la zona de espera en la que debe permanecer durante su guardia ni el nivel de accesibilidad del lugar de trabajo o la complejidad para dejar el lugar de trabajo a resultas de la naturaleza del mismo[40].
- La prohibición de dejar el lugar de espera durante la guardia no basta para considerar como tiempo de trabajo el periodo de guardia si coincide con el domicilio de la persona trabajadora[41].

---

[34] STJUE, de 21 de febrero del 2018, asunto C 518/15, Caso MATZAK, apartado 59. SSTJUE, Gran Sala, de 9 de marzo del 2021, C-344/19, asunto RADIOTELEVIZIJA SLOVENIJA, apartado 33 y de la misma Sala y fecha, C-580/19, asunto STADT OFFENBACH AM MAIN, apartado 34. También, STJUE, de 9 de septiembre de 2021, C-107/19, asunto DOPRAVNÍ PODNIK HL. M., apartado 31.

[35] SSTJUE, Gran Sala, de 9 de marzo del 2021, C-344/19, asunto RADIOTELEVIZIJA SLOVENIJA, apartado 34. En idénticos términos, STJUE, Gran Sala, de 9 de marzo de 2021, C-580/19, asunto STADT OFFENBACH AM MAIN, apartado 35.

[36] ATJUE, de 11 de enero del 2007, C-437/05, asunto VOREL, apartado 27.

[37] ATJUE, de 11 de enero del 2007, C-437/05, asunto VOREL, apartado 28.

[38] STJUE, de 3 de octubre del 2000, C-303/98, asunto SIMAP, apartado 50. STJUE, de 21 de febrero del 2018, C-518/15, asunto MATZAK, apartado 60. Citando expresamente la anterior, STJUE, de 7 de julio de 2022, C-377/21, asunto VILLE DE MONS, apartado 64.

[39] STJUE, Gran Sala, de 9 de marzo del 2021, C-344/19, asunto RADIOTELEVIZIJA SLOVENIJA, apartado 42.

[40] STJUE, Gran Sala, de 9 de marzo del 2021, C-344/19, asunto RADIOTELEVIZIJA SLOVENIJA, apartado 42.

[41] STJUE, Gran Sala, de 9 de marzo del 2021, C-344/19, asunto RADIOTELEVIZIJA SLOVENIJA, apartado 43.

- Si el periodo de guardia se considera como tiempo de descanso, debe incluirse en el cómputo de los descansos entre jornada y semanal[42].
- La retribución de los periodos de guardia no está regulada por la normativa comunitaria, por lo que es al legislador nacional sea cual el instrumento elegido —ley, reglamento, convenio, etc.— al que se atribuye tal competencia sin que sea contrario a aquella la práctica de remunerar de forma diferente los periodos de espera y los de trabajo efectivo durante la guardia, sean aquellos o tiempo de descanso o de trabajo conforme a la regulación comunitaria[43].
  Compete al legislador nacional y no es cuestión resuelta por el derecho comunitario lo referido al nivel remuneratorio[44].
  No es contraria, en suma, al derecho comunitario, la existencia de una diferencia remunerativa en los periodos de guardia entre aquellos en los que se efectúa una real actividad y los de espera, puesto que la remuneración de los periodos de espera y desplazamiento compete al legislador nacional[45].
- Elemento esencial para la diferenciación entre tiempo de trabajo y tiempo de descanso son, no sólo la presencialidad efectiva en el lugar determinado por la empresa, sino fundamentalmente la existencia o no por parte de la persona trabajadora de libertad para poder destinar el tiempo de guardia en el que no efectúa prestación de servicios a sus propios intereses personales o sociales o si las circunstancias en las que se realiza la guardia limitan de forma considerable y objetiva su capacidad de administrar ese tiempo[46]. La «intensidad»[47] de las limitaciones a esa libertad de decisión alcanzan, por tanto, un valor evidente.
- De esta forma, de la doctrina del TJUE podemos destacar los siguientes aspectos, algunos ya esbozados anteriormente[48]:

---

[42] STJUE, Gran Sala, de 9 de marzo del 2021, C-344/19, asunto RADIOTELEVIZIJA SLOVENIJA.

[43] SSTJUE, Gran Sala, de 9 de marzo del 2021, C-344/19, asunto RADIOTELEVIZIJA SLOVENIJA, apartado 58 y de la misma fecha, C-107/19, asunto DOPRAVNÍ PODNIK HL. M., apartado 42. Igualmente, ATJUE, de 11 de enero del 2007, C-437/05, asunto VOREL, apartado 35.

[44] ATJUE, de 4 de marzo de 2011, C-258/10, asunto GRIGORE, apartado 82.

[45] STJUE, de 10 de septiembre de 2015, C 266/14, asunto TYCO, apartado 49. Y STJUE, Gran Sala, de 9 de marzo de 2021, C-580/19, asunto STADT OFFENBACH AM MAIN, apartado 57.

[46] STJUE, Gran Sala, de 9 de marzo del 2021, ASUNTO RADIOTELEVIZIJA SLOVENIJA, apartado 45. STJUE, de 9 de septiembre de 2021, C-107/19, asunto DOPRAVNÍ PODNIK HL. M., apartado 33, con cita de la anterior. también, STJUE, de11 de noviembre de 2021, C-214/20, asunto MG Y DUBLIN CITY COUNCIL, apartado 38.

[47] STJUE, de 11 de noviembre de 2021, C-214/20, asunto MG Y DUBLIN CITY COUNCIL., apartado 39. STJUE, Gran Sala, de 9 de marzo de 2021, C-580/19, asunto STADT OFFENBACH AM MAIN, de apartado 39 : «cuando las limitaciones impuestas al trabajador durante un determinado período de guardia no alcanzan tal grado de intensidad y le permiten administrar su tiempo y dedicarse a sus propios intereses sin grandes limitaciones, solo constituye «tiempo de trabajo», a efectos de la aplicación de la Directiva 2003/88, el tiempo correspondiente a la prestación laboral efectivamente realizada, en su caso, durante dicho período». En idénticos términos, STJUE, Gran Sala, de 9 de marzo del 2021, C-344/19, ASUNTO RADIOTELEVIZIJA SLOVENIJA, apartado 38.

[48] STJUE, Gran Sala, de 9 de marzo de 2021, C-580/19, asunto STADT OFFENBACH AM MAIN, Y DE apartados 30 a 54. Y de la misma fecha y sala, C-344/19, asunto RADIOTELEVIZIJA SLOVENIJA, apartados 36

o   Si las restricciones impuestas durante el periodo de guardia a la persona trabajadora le permiten gozar de esa autonomía en lo que concierne a la disposición de su tiempo libre, que puede dedicar a sus intereses propios sin excesivas trabas, solo se considera tiempo de trabajo el dedicado a la prestación efectivamente realizada. Y ello, aun cuando el alojamiento de servicio haya sido dispuesto por la empresa. Lo esencial es esa libertad de decisión acerca de su tiempo y ocio[49].

o   Una de las restricciones de mayor peso en este ámbito del periodo de guardia, como ya hemos señalado supra, es el plazo del que dispone la persona trabajadora para llevar a cabo su prestación profesional, el momento en el que son exigidos sus servicios. Si el plazo es amplio no estaremos ante tiempo de trabajo sino de descanso, si se reduce a algunos minutos la solución será la inversa. La STJUE E, de 9 de septiembre de 2021, C-107/19, asunto DOPRAVNÍ PODNIK HL. M.[50], ha hecho hincapié en esta cuestión, observando que cuando el plazo de respuesta se limita a pocos minutos, la capacidad de la persona trabajadora de disponer de su tiempo queda muy limitada, si bien, siempre es necesaria una apreciación concreta aun global del supuesto en la que se traiga a colación las demás circunstancias limitativas de la capacidad de disposición de su tiempo por la persona trabajadora.

o   Otro aspecto de relevancia a efectos de clarificar la distinción entre tiempo de trabajo y tiempo de descanso es la frecuencia media de intervenciones a realizar o realizadas durante el periodo.

Si la frecuencia es muy elevada sus posibilidades de disponer de su tiempo de espera disminuyen y estaríamos ante tiempo de trabajo, al igual que si las prestaciones a realizar llevan consigo un considerable espacio temporal. La persona trabajadora solo debe intervenir en «contadas ocasiones» durante su guardia[51] si se pretende considerar el tiempo de trabajo no efectivo como periodo de descanso. También es importante a estos efectos el carácter previsible o «imprevisible»[52] de los avisos, y, por ende, la incertidumbre acerca del momento en las interrupciones de los periodos de descanso dado que ello afecta, sin duda, a la posibilidad de la persona trabajadora de programar su tiempo de guardia no dedicado a la actividad prestacional.

a 54. Puede verse al respecto el comentario del Servicio de Estudios de UGT: SEC, «Sentencias del Tribunal de Justicia de la Unión Europea (Gran Sala), de 9 de marzo de 2021», «Tiempo de trabajo y guardias no presenciales», 9 de abril del 2021, Comentarios, núm. 32, comentando las ya citadas Sentencias.

[49] Esta interpretación se deriva entre otras de la STJUE de 18 de enero del 2001, C-297/99, asunto SKILLS MOTOR CO- ACHES LTD.

[50] Apartados 35 a 36. También puede consultarse STJUE, de11 de noviembre de 2021, C-214/20, asunto MG Y DUBLIN CITY COUNCIL, apartados 40 y 41 que reiteran los argumentos de la anterior. En idénticos términos, SSTJUE, Gran Sala, de 9 de marzo del 2021, C-344/19, ASUNTO RADIOTELEVIZIJA SLOVENIJA, apartado 45. de 9 de marzo de 2021, C-580/19, asunto STADT OFFENBACH AM MAIN, apartado 61.

[51] STJUE, de 9 de septiembre de 2021, C-107/19, asunto DOPRAVNÍ PODNIK HL. M., apartado 40. STJUE, Gran Sala, de 9 de marzo de 2021, C-580/19, asunto STADT OFFENBACH AM MAIN, apartados 50 y 51.

[52] STJUE, de 9 de septiembre de 2021, C-107/19, asunto DOPRAVNÍ PODNIK HL. M., apartado 41.

o   Solo pueden ser tomadas en cuenta a estos efectos las limitaciones impuestas por la normativa nacional, la negociación colectiva o la empresa. De esta forma, la distancia entre el lugar de trabajo efectivo y el domicilio cuya localización resulta de la libre capacidad de elección de la persona trabajadora no es un indicio de la existencia de tiempo de trabajo. Como tampoco lo son las limitaciones que resulten de las dificultades naturales o geográficas o las mayores o menores posibilidades de ocio que tenga la persona trabajadora en su área de espera o guardia. Por ejemplo, la distancia o el tiempo que se invierte en el trayecto al lugar de trabajo no es un criterio determinante de la existencia de tiempo de trabajo a estos efectos.

6.3.3. Supuestos recogidos en la doctrina del TJUE acerca de la consideración del tiempo de guardia como tiempo de trabajo o tiempo de descanso

Sobre la base de estos criterios y otros, todos ellos apegados a la realidad advertida por el TJUE en el mundo del trabajo, ha llevado a tomar las siguientes decisiones:

Se ha considerado como tiempo de trabajo

•   Los periodos de atención continuada en régimen de presencia física en el centro sanitario de los médicos de atención primaria, aun cuando la «actividad efectivamente realizada varié según las circunstancias» al tener que estar el médico presente y disponible en el centro de trabajo para prestar sus servicios profesionales[53]. Y la misma solución cabe afirmar respecto al personal de enfermería en la misma situación[54].

•   El periodo de guardia del médico o servicios de atención continuada que se efectúan en el lugar de trabajo, el centro sanitario, y en el que éste ha de permanecer disponible para prestar los servicios cuando sea requerida su intervención, constatándose la existencia de interrupciones frecuentes en el periodo de espera y el necesario seguimiento del paciente, aunque no haya sido requerido[55]. Sin que, por tanto, puedan ser considerados como tiempo de descanso los periodos de espera o inactividad entre las prestaciones efectiva de servicios[56]. La consecuencia natural a esta consideración del periodo de guardia como tiempo de trabajo es que la jor-

---

[53] STJUE, de 3 de octubre del 2000, C-303/98, asunto SIMAP, apartado 48.
[54] ATJUE de 3 de julio de 2001, C-241/99, asunto CIGA Y SERGAS, apartado 33.
[55] STJUE, de 9 de septiembre de 2003, C 151/02, asunto JAEGER, apartado 69.
[56] STJUE, de 9 de septiembre de 2003, C 151/02, asunto JAEGER, apartado 75.

nada del médico se extiende durante casi treinta horas seguidas, sumando más de cincuenta horas por semana, conculcando la prohibición de la Directiva comunitaria de una jornada máxima de 48 horas[57].

- Aquel en el que la persona trabajadora debe acudir en ocho minutos al lugar de la realización del servicio, estando obligado, además a encontrase presente en el lugar señalado por la empresa aun cuando fuera su domicilio, imposibilitando un plazo tan breve la posibilidad de disposición del tiempo a las actividades que se tuviera por conveniente y administrar su tiempo libre[58].

- El periodo de guardia no presencial en el cual la persona trabajadora, integrante del servicio de bomberos, debe presentarse en el plazo de veinte minutos en el término municipal donde presta sus servicios con el vehículo empresarial y el uniforme de trabajo, haciendo uso de las excepciones a las normas de tráfico a las que está habilitado por su condición, teniendo en cuenta además el tiempo de frecuencia media de intervención. Todo ello en función de una valoración global de las circunstancias indicadas[59].

- El periodo de tiempo de servicio de atención continuada que un médico presta en el propio centro hospitalario sin realizar actuación profesional y que es retribuido de forma inferior al de actividad efectiva[60].

- El de las pausas en la jornada diaria durante las cuales la persona trabajadora debe acudir en el plazo de dos minutos a realizar la prestación efectiva que determina su intervención[61].

- El del desplazamiento de los trabajadores móviles que carecen de centro de trabajo fijo en el vehículo de la empresa desde su domicilio al del cliente determinado por la empresa, así como el de vuelta del lugar de prestación de servicios último a su domicilio, así como los desplazamientos entre servicios, teniendo en cuenta que con anterioridad las personas trabajadoras debían desplazarse a unas oficinas después cerradas, considerándose entonces como tiempo de trabajo y que la empresa fija el orden a seguir por aquellas a través de una lista que reciben el día anterior, aun cuando gocen de la libertad para elegir el trayecto que consideren oportuno para desplazarse[62].

---

[57] STJUE, de 9 de septiembre de 2003, C 151/02, asunto JAEGER, apartado 79.
[58] STJUE, de 21 de febrero del 2018, asunto C 518/15, Caso MATZAK, apartados 61 a 63.
[59] STJUE, Gran Sala, de 9 de marzo de 2021, C-580/19, asunto STADT OFFENBACH AM MAIN, y de apartado 61.
[60] ATJUE, de 11 de enero del 2007, C-437/05, asunto VOREL, apartados 22 y 31.
[61] STJUE, de 9 de septiembre de 2021, C-107/19, asunto DOPRAVNÍ PODNIK HL. M., apartado 43.
[62] STJUE, de 10 de septiembre de 2015, C 266/14, asunto TYCO, apartados 46 a 48.

No debe estimarse como tiempo de trabajo

- El periodo de puesta a disposición de los médicos de atención primaria fuera del centro de trabajo puesto que si bien deben estar localizables «pueden organizar su tiempo con menos limitaciones y dedicarse a sus asuntos personales»[63].
- El periodo de guardia sin efectuar tareas efectivas cuando el técnico especialista de un centro de transmisión situado en una montaña tenía únicamente como obligación la de estar localizable y acudir al lugar de trabajo en el plazo de una hora desde el aviso cuando fuera necesario y además la frecuencia media de las intervenciones era moderada[64].
- El periodo de guardia en el cual la persona trabajadora, bombero de retén, no está obligada a permanecer en lugar preciso y puede dedicarse a otras tareas y actividades profesionales, en este caso por cuenta propia, que no supere la jornada semanal de 48 horas, aun cuando debe acudir al puesto de trabajo en caso de aviso de urgencia en el plazo de diez minutos[65].

En algunas ocasiones, como el supuesto de los guardias forestales en Rumania a cargo fuera durante las veinticuatro horas de la responsabilidad sobre los daños que acaecieran en su zona de actuación (ATJUE, de 4 de marzo de 2011, C-258/10, asunto GRIGORE), no se resuelve en el caso concreto si estamos ante tiempo de trabajo o de descanso, puesto que no se han aportado los elementos necesarios para dar una respuesta definitiva. En estos supuestos, sin embargo, el órgano judicial no permanece ausente, sino que da las claves de acuerdo a la doctrina expuesta para que el órgano judicial nacional determine si estamos o no ante tiempo de trabajo[66].

---

[63] STJUE, de 3 de octubre del 2000, C-303/98, asunto SIMAP, apartado 50.

[64] STJUE, Gran Sala, de 9 de marzo del 2021, C-344/19, asunto RADIOTELEVIZIJA SLOVENIJA, apartados 55 y 56.

[65] STJUE, de11 de noviembre de 2021, C-214/20, asunto MG Y DUBLIN CITY COUNCIL, apartados, 44 a 48.

[66] «En effet, si le garde forestier peut, en dehors de son temps de travail de 40 heures par semaine, gérer son temps, quitter le cantonnement forestier relevant de sa compétence et se consacrer à ses propres intérêts, la période consacrée à de telles activités ne peut, ainsi qu'il ressort de la jurisprudence de la Cour, être qualifiée de "temps de travail" au sens de l'article 2, point 1, de la directive 2003/88 nonobstant le fait que le logement de fonction mis à sa disposition est situé dans l'enceinte dudit cantonnement (voir, en ce sens, arrêts précités SIMAP, point 50, et Jaeger, point 51). 67 Si, en revanche, le garde forestier réside dans un logement de fonction mis à sa disposition dans ledit cantonnement et s'il résulte des vérifications opérées par la juridiction de renvoi que, soit en vertu de la réglementation nationale applicable elle-même, soit en raison des modalités de mise en œuvre effective de cette réglementation, ce garde forestier est, en réalité, afin de respecter son obligation de surveillance, obligé de se tenir à la disposition de son employeur pour pouvoir immédiatement fournir les prestations appropriées en cas de besoin, les éléments caractéristiques de la notion de "temps de travail" au sens de ladite disposition sont présents (voir arrêts précités SIMAP, point 48, et Jaeger, point 63). 68 En effet, ainsi qu'il ressort de la jurisprudence de la Cour, il y a lieu de considérer des obligations qui mettent le travailleur concerné dans l'impossibilité de choisir son lieu de séjour pendant les périodes d'inactivité professionnelle comme relevant de l'exercice de ses fonctions (voir arrêts précités SIMAP, point 48, et Jaeger, point 63). 69 Il appartient à la juridiction de renvoi de procéder aux vérifications nécessaires afin d'apprécier si tel est le cas dans l'affaire dont elle est saisie.»

6.4. La consideración restrictiva de las excepciones a la aplicación de la Directiva 2003/88

Ya hemos advertido que la naturaleza de normativa sobre tiempo de trabajo como prescripciones de seguridad y salud y la concepción de ésta como un derecho inalienable del trabajador obliga a la interpretación restrictiva de la existencia de excepciones a la aplicación de la normativa sobre tiempo de trabajo y tiempo de descanso de la Directiva 2003/88. Recordemos que literalmente, de acuerdo con la lectura que el TJUE efectúa de la Directiva:

> «(...), tanto del objeto de la Directiva 89/391, que consiste en promover la mejora de la seguridad y de la salud de los trabajadores en el trabajo, como del tenor literal de su artículo 2, apartado 1, se deduce que el ámbito de aplicación de esta Directiva debe entenderse de manera amplia. De ello se deduce que las excepciones a dicho ámbito, previstas en el apartado 2, párrafo primero, del referido artículo, deben interpretarse restrictivamente (véase la sentencia SIMAP, antes citada, apartados 34 y 35, y el auto de 3 de julio de 2001, CIG, C-241/99, Rec. p. I-5139, apartado 29).
> 53. Además, el artículo 2, apartado 2, párrafo primero, de la Directiva 89/391 no excluye del ámbito de aplicación de ésta los servicios de protección civil en cuanto tales, sino únicamente "determinadas actividades específicas" de dichos servicios cuyas particularidades se pueden oponer de manera concluyente a la aplicación de las normas enunciadas por la citada Directiva. de la Directiva 2003/88.»[67]

De esta forma, se ha considerado que se aplican las normas, reglas y criterios generales advertidos en apartados anteriores al no considerarse excepcionados a:

- «(...) la actividad de los socorristas que acompañan a una ambulancia o a un vehículo sanitario de emergencias, en un servicio de socorro a heridos o enfermos...» por no hallarse dentro de la excepción de los servicios de protección civil excluidos dado que éstos son únicamente considerados fuera del ámbito de aplicación de las reglas generales de la Directiva 2003/88 desde una perspectiva muy constreñida a «efectos de e asegurar el buen funcionamiento de los servicios indispensables para la protección de la seguridad, de la salud y del orden públicos en circunstancias de excepcional gravedad y magnitud —por ejemplo, una catástrofe— que se ca-

---

[67] STJUE de la Gran Sala de 5 de octubre del 2004, asuntos acumulados C-397/01 a C-403/01), asunto PFEIFFER y otros, apartados 52 y 53.

racterizan por el hecho de no prestarse, por naturaleza, a una planificación del tiempo de trabajo de los equipos de intervención y de socorro»[68].

- «(…) en circunstancias normales, la actividad del personal de los Equipos de Atención Primaria no puede asimilarse» a la excepción prevista en el art. 2.2 de la Directiva 2003/88 que excluye a «determinadas actividades específicas de la función pública destinadas a garantizar el orden y la seguridad públicos, indispensables para un desarrollo armonioso de la vida en sociedad»[69].

6.5. Otras cuestiones abordadas por la jurisprudencia comunitaria

El aspecto esencial que abordar en este estudio son las nociones de tiempo de trabajo y tiempo de descanso. Sin embargo, hay cuestiones importantes dentro del ámbito del tiempo de trabajo que pueden ser apuntadas ante la íntima relación que tienen con esta materia.

6.5.1. El concepto de horas extraordinarias

Como ha señalado el TJUE, si bien no existe un concepto en derecho comunitario de horas extraordinarias es obvio que se consideran tiempo de trabajo[70], y, por tanto, para su cómputo y cálculo es necesario tener en cuenta las notas anteriores que revelan el carácter de tiempo de trabajo o descanso del periodo en discusión al objeto de dilucidar si estamos o no una situación u otra.

De esta forma, se consideran las horas extraordinarias los periodos de tiempo de los médicos de atención primaria cuando prestan sus servicios de guardia en régimen de presencia física en el centro de trabajo. Y no, son horas extraordinarias, si no es tiempo de trabajo, el periodo de no efectiva prestación de servicios durante el régimen de localización[71].

6.5.2. Concepto de trabajadores nocturnos y por turnos

El legislador comunitario no regula todos los aspectos de las nociones de trabajo nocturno y en régimen de turnos, pero sí contiene elementos y presupuestos

---

[68] STJUE de la Gran Sala de 5 de octubre del 2004, asuntos acumulados C-397/01 a C-403/01), asunto PFEIFFER y otros, apartados 55 y 56.
[69] STJUE, de 3 de octubre del 2000, C-303/98, asunto SIMAP, apartado 37.
[70] STJUE, de 3 de octubre del 2000, C-303/98, asunto SIMAP, apartado 51.
[71] STJUE, de 3 de octubre del 2000, C-303/98, asunto SIMAP, apartado 51 y 52.

de necesario respeto por el legislador nacional que ha remarcado el TJUE. Por ejemplo, corresponde a los órganos jurisdiccionales del Estado Miembro considerar si los médicos de equipos de atención primaria en régimen de derecho público que prestan servicios de manera cíclica a turnos y dentro de ellos durante la noche, si su trabajo es nocturno conforme a las mismas reglas que el Derecho Privado[72].

6.5.3. La obligación de registro del tiempo de trabajo

Frente a la regulación española y su interpretación por la Sala de lo Social del Tribunal Supremo de España[73], el TJUE, Sentencia de la Gran Sala, de 14 de mayo del 2019, C 55-18, asunto CC OO y Deutsche Bank, S.A.E., consideró ante el cuestionamiento de la Sala de lo Social de la Audiencia Nacional acerca de la doctrina del Tribunal Supremo y la legislación española, que la posición de debilidad del trabajador y la exigencia del cumplimiento practico y real de las prescripciones del derecho comunitario, explícitamente en torno a la jornada máxima, horas extraordinarias y descansos mínimos, determina la insoslayable necesidad del establecimiento de una sistema objetivo y fiable de control de la realización de la jornada diaria del trabajador[74]. En suma, se hacía obligado un registro de jornada.

---

[72] STJUE, de 3 de octubre del 2000, C-303/98, asunto SIMAP, apartados 55 y 58: «55 Procede recordar que, con arreglo al artículo 2, punto 4, letra a), de la Directiva 93/104, se considera trabajador nocturno a todo trabajador que realice durante I – 8026 SIMAP el período nocturno una parte no inferior a tres horas de su tiempo de trabajo diario, realizadas normalmente». Conforme al mismo artículo 2, punto 4, letra b), la citada Directiva brinda además a los legisladores nacionales o, a elección del Estado miembro de que se trate, a los interlocutores sociales a nivel nacional o regional, la posibilidad de considerar trabajador nocturno a otros trabajadores que realicen durante el período nocturno determinada parte de su tiempo de trabajo anual. 56. Ahora bien, al no haber adoptado el Reino de España ninguna medida, conforme al artículo 2, punto 4, letra b), de la Directiva 93/104, por lo que respecta a los trabajadores sujetos a una relación de Derecho público, los médicos de Equipos de Atención Primaria que prestan cíclicamente sus servicios en turnos de atención continuada durante la noche no pueden considerarse trabajadores nocturnos…».

[73] Sentencias del Tribunal Supremo n.º 246/2017, de 23 de marzo de 2017 (Rec. 81/2016), y n.º 338/2017, de 20 de abril de 2017 (Rec. 116/2016), que negaron la existencia de una obligación normativa en España de registro de jornada.

[74] «(…), sin un sistema que permita computar la jornada laboral diaria realizada por cada trabajador, nada garantiza, como se desprende de hecho de la información proporcionada por el órgano jurisdiccional remitente, mencionada en el apartado 26 de la presente sentencia, que se asegure plenamente a los trabajadores el respeto efectivo del derecho a la limitación de la duración máxima del tiempo de trabajo y a períodos mínimos de descanso que confiere la Directiva 2003/88, puesto que ese respeto queda en manos del empresario. (…) 60. Por consiguiente, para garantizar el efecto útil de los derechos recogidos en la Directiva 2003/88 y del derecho fundamental consagrado en el artículo 31, apartado 2, de la Carta, los Estados miembros deben imponer a los empresarios la obligación de implantar un sistema objetivo, fiable y accesible que permita computar la jornada laboral diaria realizada por cada trabajador.» STJUE, Gran Sala, de 14 de mayo del 2019, C 55-18, asunto CCOO Y DEUTSCHE BANK, S.A.E., apartados 58 y 60.

Lo anterior determinó la modificación del Estatuto de los Trabajadores, a través de la introducción del número 9 del art. 34 por el art. 10 del Real Decreto Ley 8/2019, de 8 de marzo, de medidas urgentes de protección social y de lucha contra la precariedad laboral en la jornada de trabajo[75] y el cambio interpretativo de la doctrina de la Sala de lo Social del Tribunal Supremo como exigencia clara y directa del TJUE[76]. Doctrina que está presente de forma continuada en nuestros tribunales[77].

6.5.4. La consideración de las vacaciones

El derecho en el ámbito de la Unión Europea a un periodo vacacional de cuatro semanas es articulado como mínimo de derecho necesario[78], que sí puede ser mejorado por la legislación nacional[79], pero que no puede ser vaciado de contenido mediante la interposición de ningún requisito, como la exigencia de un periodo mínimo ininterrumpido de actividad profesional[80], y cuya dimensión se construye a través de los periodos efectivamente trabajados salvo en situaciones como en las de enfermedad en las que la persona trabajadora se ausenta debido a la concurrencia de un padecimiento debidamente justificado[81], al igual que en una situación análoga como la maternidad[82], dado el carácter imprevisible del primer supuesto[83].

---

[75] «En esta misma línea debe tenerse en cuenta la interpretación que de la Directiva 2003/88/CE del Parlamento Europeo y del Consejo, de 4 de noviembre de 2003, relativa a determinados aspectos de la ordenación del tiempo de trabajo, se viene manteniendo desde las instituciones europeas, en concreto desde el Tribunal de Justicia de la Unión Europea. Así, en las recientes conclusiones del Abogado General de 31 de enero de 2019 en el asunto C-55/18 en el que se cuestiona la adecuación de la legislación española sobre tiempo de trabajo a la citada Directiva, se afirma que la normativa europea impone "a las empresas la obligación de implantar un sistema de cómputo de la jornada laboral efectiva de los trabajadores a tiempo completo que no se hayan comprometido de forma expresa, individual o colectivamente, a realizar horas extraordinarias y que no ostenten la condición de trabajadores móviles, de la marina mercante o ferroviarios, y se oponen a una normativa nacional de la que no resulta la existencia de esa obligación". La creación del registro de jornada por el presente real decreto ley asegura la conformidad de la normativa europea con el ordenamiento europeo. Por todo ello, a través del artículo 10 de este real decreto ley se modifica el texto refundido de la Ley del Estatuto de los Trabajadores, aprobado por Real Decreto Legislativo 2/2015, de 23 de octubre, para regular el registro de jornada, a los efectos de garantizar el cumplimiento de los límites en materia de jornada, de crear un marco de seguridad jurídica tanto para las personas trabajadoras como para las empresas y de posibilitar el control por parte de la Inspección de Trabajo y Seguridad Social. Con ello, se facilita la resolución de discrepancias en cuanto a la jornada y, en consecuencia, sobre el salario, y se sientan las bases para acabar con un elemento de precariedad de las relaciones laborales, reconociendo el papel de la negociación colectivo» —Ex de Motivos del Real Decreto Ley 8/2019, de 8 de marzo.

[76] STJUE, Gran Sala, de 14 de mayo de 2019, C 55-18, asunto CCOO y Deutsche Bank, S.A.E., apartado 70.

[77] Por ej.: Sentencia de la Audiencia Nacional, Sala de lo Social, núm. 90/2020, de 27 de octubre que cita de forma expresa el asunto CCOO y Deutsche Bank, S.A.E.

[78] STJUE de 26 de junio de 2001, C-173/99, asunto BECTU, apartado 47 y STJUE, Gran Sala, de 4 de octubre de 2018, Caso C-12/17, TRIBUNALUL BOTOŞANI Y OTROS, apartado 27 a 29.

[79] STJUE, de 3 de mayo de 2012, C-337/10, asunto NEIDEL, apartados 35 a 37.

[80] STJUE de 26 de junio de 2001, C-173/99, asunto BECTU, apartado 49.

[81] STJUE, Gran Sala, de 4 de octubre de 2018, Caso C-12/17, TRIBUNALUL BOTOŞANI Y OTROS, apartado 29.

[82] STJUE, Gran Sala, de 4 de octubre de 2018, Caso C-12/17, TRIBUNALUL BOTOŞANI Y OTROS, apartado 30.

[83] STJUE, Gran Sala, de 4 de octubre de 2018, Caso C-12/17, TRIBUNALUL BOTOŞANI Y OTROS, apartado 32.

Sin embargo, no acaece lo mismo en la situación de permiso parental en la que el TJUE considera que se produce una suspensión bilateral de las obligaciones de ambas partes de forma que no puede asimilarse tal situación a las anteriores a efectos del cómputo de las vacaciones, al menos en el ámbito del derecho de la Unión Europea[84].

---

[84] STJUE, Gran Sala, de 4 de octubre de 2018, Caso C-12/17, TRIBUNALUL BOTOŞANI Y OTROS, apartados 30 a 36.

7. La repercusión de la doctrina TJUE en la normativa y jurisprudencia española en materia de tiempo de trabajo

7.1. La contraposición con el derecho tradicional español

La doctrina del TJUE se proyecta en nuestro país sobre una normativa que parte de una concepción muy diferente del tiempo de trabajo. El art. 34.5 del Real Decreto Legislativo 2/2015, de 23 de octubre, por el que se aprueba el texto refundido de la Ley del Estatuto de los Trabajadores, reproduciendo textos anteriores, vehicula un concepto espacial bastante evidente de tiempo de trabajo, conectando el mismo a la presencia en el puesto de trabajo:

> *«El tiempo de trabajo se computará de modo que tanto al comienzo como al final de la jornada diaria el trabajador se encuentre en su puesto de trabajo.»*

Recoge de forma literal la redacción del número 3, del art. 34 del Estatuto de los Trabajadores en su redacción establecida por la Ley 8/1980, de 10 de marzo. De ello, se han derivado consecuencias importantes como la no consideración como tiempo de trabajo de la generalidad de los tiempos de espera, acceso, los dedicados a los trayectos de ida y vuelta al domicilio, los invertidos en el cambio de ropa, etc.[1] Esta nota especial que caracteriza el tiempo de trabajo en la regulación española ha sido afirmada incluso recientemente[2].

---

[1] «Ello significa, que sin perjuicio de lo que se establezca en la negociación colectiva y los matices que se quiera se plantean interrogantes acerca de la naturaleza de los "periodos de simple custodia, mera presencia, espera, acceso o salida del trabajo", y que no entran, en principio, en el cómputo de la jornada de trabajo los tiempos dedicados al cambio de ropa, los trayectos desde el domicilio al centro de trabajo y viceversa, ni tampoco, en principio, el tiempo invertido en el trayecto recorrido desde la entrada de la empresa al concreto puesto de trabajo, ni el invertido para ir al lugar de fichar al entrar cada día en el centro de trabajo, ni el invertido en el aseo posterior, salvo que se trate de actividades especialmente peligrosas, tóxicas, irritantes o infecciosas. Es interesante resaltar, sobre esta última cuestión, que la normativa reglamentaria en materia de prevención de riesgos laborales contempla como tiempo de trabajo efectivo y, por lo tanto, computable dentro de su jornada laboral, el tiempo que los trabajadores deben destinar a su aseo personal, tanto antes de comer como antes de abandonar el trabajo», MARTÍN RODRÍGUEZ, *op. cit.*, sin página.

[2] «(…) estamos ante tiempo de trabajo o descanso (problema suscitado tanto a nivel europeo como nacional sobre todo en supuestos de guardias del trabajador en su propio domicilio), señalando: esta Sala ha obtenido las

7.2. La aceptación de la doctrina TJUE y las diferencias en la doctrina judicial española

7.2.1. El forzado seguimiento de la doctrina TJUE

Son numerosas las sentencias que han aplicado los criterios del TJUE a efectos de la determinación de la existencia de tiempo de trabajo o tiempo de descanso. No podían nuestros tribunales nacionales actuar de otro modo dado el principio de primacía de la Unión que con tanta contundencia ha afirmado el TJUE[3]. Ello ha sucedido tanto en el ámbito de la jurisdicción social, como en el ámbito contencioso-administrativo en lo que concierne a los empleados públicos con relación funcionarial o estatutaria[4], afirmando con claridad la supremacía de la concepción binaria comunitaria frente a la trinitaria nacional[5].

Sin embargo, se advierte en algunos supuestos, una adopción tardía y, en otros, una asunción matizada pasada por el filtro de la concepción nacional de tiempo de trabajo.

Tardía en cuanto todavía a principios de la década anterior, e, incluso, como hemos advertido actualmente, se considera que la existencia de tiempo de trabajo o no se vincula como elemento trascendente a un elemento puramente espacial,

---

siguientes conclusiones respecto de la configuración del concepto tiempo de trabajo: el elemento espacial, el tiempo de trabajo exige que el trabajador esté obligado a permanecer en las instalaciones de la empresa o en cualquier otro lugar designado por el empleador —incluido el propio domicilio— para atender al llamamiento empresarial, y el elemento temporal, identificado como tiempo breve de respuesta al llamamiento de la empresa para acudir al lugar de trabajo. Uno y otro elemento, en definitiva, deben provocar una limitación de la libertad de deambulación y de administración del tiempo en el que el trabajador pueda dedicarse a sus intereses personales, familiares y sociales y, por ende, como ha dicho esta Sala, Será tiempo de trabajo cuando la guardia exige la obligada permanencia en un determinado espacio físico y dar respuesta inmediata en caso de necesidad, porque en tales circunstancias el trabajador se encuentra en el ejercicio de sus funciones laborales.» SAN, Sala de lo Social, núm. 122/2023, de 6 de noviembre.

[3] STJUE, de 9 de septiembre de 2021, C-107/19, asunto DOPRAVNÍ PODNIK HL. M., apartados 45 y 46.

[4] Ejemplo de ello es el Auto del Tribunal Supremo, Sala de lo Contencioso-Administrativo, de 9 de marzo del 2023, núm. de recurso 8898/2021. En este caso, un funcionario de prisiones, citando los casos JAEGER, DELLAS, MATZAK, SIMAP, VOREL, y GRIGORE. También puede verse los Autos de la misma Sala y Tribunal de 11 de mayo de 2023 núm. de recurso 5062/2022, 20 de julio del 2023, núm. de recurso 5057/2022; y de 15 de noviembre del 2023, núm. de recurso 4692/2022. Véanse las resoluciones del Tribunal Supremo y Tribunal de Justicia recopiladas en el apartado específico infra respecto a fiscales, personal sanitario penitenciario y guardias civiles.

[5] «Esta pretensión no puede ser acogida, pues lo que subyace en todas y cada una de las sentencias que se citan es que el tiempo de guardias localizadas en un lugar predeterminado por el empresario en el que el trabajador ve limitada su libertad ambulatoria es tiempo de trabajo y como tal debe ser retribuido, pues la Directiva 2003/88 no distingue entre categorías intermedias entre tiempo de trabajo y tiempo de descanso, pero ello no significa que los todos los periodos de tiempo en el que el trabajador se encuentre a disposición del empresario deban merecer igual retribución con independencia de las funciones efectivamente realizadas en cada momento.» Sentencia de la Sala de lo Social de la Audiencia Nacional de 16 de enero del 2023, núm. 2/2023.

el tradicional de la regulación española, la presencia en el centro de trabajo[6], y no la de la constricción o cercenamiento de la libertad del trabajador como hemos visto utiliza la normativa y jurisprudencia comunitaria[7].

De hecho, y, si bien, como podremos comprobar a través de las referencias aportadas *infra*, la Sala de lo Social del Tribunal Supremo ha hecho suya la jurisprudencia del TJUE y la cita de forma constante como una herramienta teleológica de importancia en la resolución de los conflictos sobre tiempo de trabajo, se mantienen los matices y ciertas peculiaridades nacionales propias interpretativas.

Se han tardado dos décadas en una aplicación cuasi plena por el Tribunal Supremo de los criterios del TJUE. De este modo, hay que esperar, como veremos en el supuesto de los empleados de ambulancias, décadas en aplicar de forma restrictiva el criterio restrictivo hermenéutico propio de aquel.

Nuestros tribunales se han visto realmente obligados a modificar expresamente sus criterios, al imponérseles la aplicación de la normativa comunitaria sobre tiempo de trabajo y su concepto, sobre la base de los criterios interpretativos del TJUE[8], admitiendo expresamente la ruptura con las líneas anteriores como los expresados en la STS núm. 316/2016, 21 de abril de 2016[9] o posteriores[10], resolución

---

[6] «(…) el hecho de estar disponible durante la guardia siempre implica limitación, ya que el trabajador debe estar en condiciones no sólo de ser avisado, sino de comenzar a prestar servicios en un plazo razonable. La referencia a la libertad de movimientos y de actividad debe entenderse dentro de la finalidad propias de la localización y como exclusión de los supuestos en que esa libertad es más severamente restringida porque se espera en el centro de trabajo o en el lugar previamente designado por el empresario. En el mismo sentido ha de entenderse la sentencia de 29 de noviembre de 1994 cuando dice que "la mera situación de disponibilidad, en la que el trabajador tan sólo está localizable y a disposición de la empresa, no implica, por sí sola, el desarrollo de ningún trabajo y por ende está claramente fuera de la jornada laboral y no puede en absoluto, ser calificada ni como tiempo de trabajo ni como horas extraordinarias", porque es inherente a la disponibilidad la asunción de las limitaciones de ubicación que permiten al trabajador incorporarse en el tiempo requerido». STS, Sala de lo Social, núm. de recurso 27/2008, de 27 de enero del 2009.

[7] Así en el ámbito de la actividad de pilotos de aeronave y de acuerdo con la legislación española, RD 1561/1995, en su art. 14, frente a la legislación comunitaria, Directiva 2000/79/CE del Consejo, de 27 de noviembre de 2000, relativa a la aplicación del Acuerdo europeo sobre la ordenación del tiempo de trabajo del personal de vuelo en la aviación civil que utiliza un concepto de tiempo de trabajo idéntico al de la Directiva 2003/88: «Hay realmente dos líneas de argumentación en el recurso. En la primera, desde una perspectiva más general, lo que se sostiene es que la existencia de limitaciones significativas en la libertad de movimientos y de actuación del trabajador convierte la guardia de localización en tiempo de presencia y, por tanto, en tiempo de trabajo. Esta tesis ha de rechazarse, porque, de acuerdo con las normas cuya infracción se alega, la guardia de localización cuando el trabajador no permanece en el lugar designado por el empresario no es tiempo de trabajo.» STS, Sala de lo Social, núm. de recurso 27/2008, de 27 de enero del 2009.

[8] «El art. 2.1) de la Directiva 2003/88/CE define el tiempo de trabajo mencionando tres elementos: permanencia en el lugar de trabajo, disponibilidad frente al poder de dirección del empleador y ejercicio de las funciones laborales. Su aplicación y la de la doctrina del TJUE que reseña —sentencias de 21 de febrero de 2018, C-518/15 y 9 de marzo de 2021, C-344/19— han conducido a concluir que el tiempo en que los mentados trabajadores pres-

que como advertiremos durante mucho tiempo fue la piedra angular de una doctrina errada basada en principios propios de una legislación nacional claramente contrapuesta a la comunitaria.

Por lo demás, y aun sin efectuarlo de forma explícita, la aplicación de la doctrina TJUE habría supuesto el vaciamiento de gran parte del contenido del art. 8[11] del Real Decreto 1561/1995, de 21 de septiembre, sobre jornadas especiales de trabajo[12] o, al menos, con claridad su inaplicación a sectores amparados y no ex-

---

tan el servicio de emergencias con presencia en la base o centro de trabajo en régimen de 24 horas/día tiene la condición de tiempo de trabajo a efectos de la duración máxima de la jornada de trabajo, puesto que concurren las notas definitorias del tiempo de trabajo.» STS, Sala de lo Social, núm. 929/2022, de 22 de noviembre del 2022). En el mismo sentido, y con anterioridad la STS, Sala de lo Social, núm. 159/2022, de 17 de febrero.

[9] El Tribunal rechazaba la vulneración de la normativa comunitaria en la no consideración como tiempo de trabajo a efectos de la jornada máxima y la existencia de horas extraordinarias del tiempo de espera del conductor de ambulancias «no se [nos] escapa que en dicho concepto [el de "tiempo de presencia"] se incluyen situaciones que pueden calificarse cuando menos de dudoso tiempo de espera, como puede ser la conducción sin servicio, averías y que el servicio de guardia no consta donde se presta si en el domicilio del trabajador o en instalaciones de la empresa, pero ello debería dilucidarse en cada caso concreto [individualmente], pues en el presente litigio tampoco se ha practicado prueba adecuada ni el objeto del debate se ha particularizado». En consecuencia, esta Sala también comparte la conclusión final de instancia cuando asevera «que a la actividad objeto de litigio le es de aplicación el art. 8 del Decreto sobre jornadas especiales y que los arts. 15 y 24 del Convenio autonómico para el sector, no infringen la normativa comunitaria que se invoca...», la STS 316/2016, 21 de abril de 2016 (https://vlex.es/vid/641741941).

[10] Pueden verse las citadas en el apartado dedicado al sector de ambulancias que alcanzan hasta el año 2022. Y la propia STS, núm. 412/2017, de 11 de mayo.

[11] Artículo 8. Tiempo de trabajo efectivo y tiempo de presencia.

«1. Para el cómputo de la jornada en los diferentes sectores del transporte y en el trabajo en el mar se distinguirá entre tiempo de trabajo efectivo y tiempo de presencia.

Se considerará en todo caso tiempo de trabajo efectivo aquel en el que el trabajador se encuentre a disposición del empresario y en el ejercicio de su actividad, realizando las funciones propias de la conducción del vehículo o medio de transporte u otros trabajos durante el tiempo de circulación de los mismos, o trabajos auxiliares que se efectúen en relación con el vehículo o medio de transporte, sus pasajeros o su carga.

Se considerará tiempo de presencia aquel en el que el trabajador se encuentre a disposición del empresario sin prestar trabajo efectivo, por razones de espera, expectativas, servicios de guardia, viajes sin servicio, averías, comidas en ruta u otras similares.

En los convenios colectivos se determinarán en cada caso los supuestos concretos conceptuables como tiempo de presencia.

2. Serán de aplicación al tiempo de trabajo efectivo la duración máxima de la jornada ordinaria de trabajo prevista en el artículo 34 del Estatuto de los Trabajadores y los límites establecidos para las horas extraordinarias en su artículo 35.

Los trabajadores no podrán realizar una jornada diaria total superior a doce horas, incluidas, en su caso, las horas extraordinarias.

3. Los tiempos de presencia no podrán exceder en ningún caso de veinte horas semanales de promedio en un período de referencia de un mes y se distribuirán con arreglo a los criterios que se pacten colectivamente y respetando los períodos de descanso entre jornadas y semanal propios de cada actividad.

Las horas de presencia no computarán a efectos de la duración máxima de la jornada ordinaria de trabajo, ni para el límite máximo de las horas extraordinarias. Salvo que se acuerde su compensación con períodos equivalentes de descanso retribuido, se abonarán con un salario de cuantía no inferior al correspondiente a las horas ordinarias.».

[12] «Dado que tanto en el día de reserva, regulado en el art. 59.B) III 7 del convenio, como en las horas de presencia por averías que se contemplan en el art. 59.B) III 10, el trabajador se encuentra a disposición del empresario en las dependencias de la empresa o de la red ferroviaria en expectativa de dar cobertura a necesidades deservicio,

cluidos por la normativa comunitaria. Sin embargo, la resistencia de nuestros tribunales ha impedido hasta muy tarde la virtualidad de la concepción binaria tiempo de trabajo/tiempo de descanso bien hasta transcurrido un periodo de tiempo importante —supuesto de los conductores de ambulancias— o, bien, defendiendo en ocasiones una interpretación amplia de las excepciones, enfrentada a la doctrina judicial comunitaria, admitiendo singularidades no claras, como advertiremos a lo largo de la exposición de los apartados siguientes, a veces sobre la base de una lectura errónea de la normativa comunitaria[13].

7.2.2. Jornada laboral y tiempo de trabajo efectivo

Algunas divergencias y particularidades. La continuidad del requisito espacial

No se piense en una total abdicación de la filosofía de nuestro Tribunal Supremo a la hora de categorizar el tiempo de trabajo, acogiendo la doctrina binaria del TJUE. La STS, Sala de lo Social, núm. 427/2002, de 11 de mayo, de forma singular y recogiendo un volumen notable de doctrina anterior del propio tribunal sobre la materia[14] señala de una forma confusa que la jornada laboral no solo contiene tiempo de trabajo efectivo sino otras actividades de carácter no exactamente laboral puesto que no hay prestación en sentido estricto dentro de la jornada como el reconocimiento médico obligatorio y aquellos voluntarios cuyo objetivo sea facilitar «una protección eficaz en materia de seguridad y salud» que, a pesar de lo anterior, y debido a tal misión pueden considerarse, contradiciendo su argumentación anterior, como tiempo de trabajo efectivo también con el fin de que su

---

las horas en ello invertidas son horas de trabajo y como tales deben ser consideradas a todos los efectos.

Esta conclusión, resultado de aplicar la jurisprudencia elaborada por el TJUE y por el TS que acabamos de indicar supone la inaplicación, por observancia del principio de interpretación conforme, del último párrafo del art. 8 del RD 1561/1995 sobre jornadas especiales, que dispone que las horas de presencia (en concreto las aquí controvertidas) no computarán a efectos de la duración máxima de la jornada ordinaria de trabajo.» SAN, Sala de lo Social, núm. 122/2023, de 6 de noviembre, en relación con personal ferroviario de restauración atención a bordo de los trenes. No obstante, mantiene la vinculación de los otros preceptos del citado RD 1561/1995, en relación con cómputo de descansos diario y semanal de este personal.

[13] La STSJ de las Islas Baleares, Sala de lo Social, núm. 152/2022, de 18 de marzo, se base en la doctrina TJUE que reserva a la legislación nacional la forma de retribución del tiempo de guardia —caso RADIOTELEVIZIJA SLOVENIJA— que no es tiempo de trabajo al considerar vigente para los técnicos de mantenimiento aeronáutico de la diferenciación entre tiempo de presencia y tiempo de trabajo efectivo del art. 8 RD 1561/1995: «Por tanto, cabe diferenciar los períodos en que realmente son realizadas las prestaciones de trabajo y aquello sin trabajo efectivo, aun cuando estos períodos deban considerarse en su totalidad, "tiempo de trabajo" a efectos de la aplicación de la Directiva. Significa, en síntesis, que el tiempo de trabajo es un concepto más amplio puesto que engloba el trabajo efectivo como el tiempo de presencia.» Expresamente incluye el TS a los técnicos de mantenimiento aeronáutico dentro de la normativa de transporte aun sin referenciar la misma (STS, Sala de lo Social, núm. 970/2016, de 18 de noviembre).

[14] Se citan entre otras las sentencias del propio Tribunal de 26 de junio del 2003, 24 de septiembre del 200, 16 de junio del 2015 y 21 de enero del 2019.

realización no suponga una carga o coste adicional para la persona trabajadora. Por el contrario, otros reconocimientos como consultas médicas o analíticas no se considerarían como tiempo de trabajo efectivo, a salvo de la regulación establecida en la negociación colectiva.

A mi juicio, la categorización teórica utilizada por el Tribunal Supremo yerra al dirimir si estamos o no en estos supuestos ante tiempo de trabajo efectivo o no. En realidad, estamos ante un concepto más amplio como advierte puntualmente el propio órgano judicial: el de jornada que abarca el tiempo de trabajo efectivo y otros periodos como el advertido anteriormente y otros supuestos que no encajan en la consideración de tiempo de trabajo efectivo y sí en el más amplio de jornada laboral. De este modo, se califica como jornada laboral:

- El tiempo de formación obligatorio o dedicado a la prevención de riesgos laborales[15] como observo el propio Tribunal aun en sentido negativo en Sentencia núm. 279/2019, de 3 de abril. La jornada máxima se establece como límite a la realización de formación obligatoria, sin perjuicio de las posibilidades de compensación[16].
- El tiempo considerado como tal a consecuencia de la negociación colectiva[17].

Con ello, no se confunden términos y conceptos y se respeta la sencilla, pero completa dicotomía de la jurisprudencia comunitaria. Se obvian así las confusiones derivadas de una utilización inadecuada por nuestros tribunales y negociadores del concepto de tiempo de trabajo efectivo como acaece en el supuesto analizado en la STS, Sala de lo Social, al analizar la catalogación de los días de ajustes en los ERTES durante el periodo de pandemia de acuerdo con la regulación convencional[18].

---

[15] «extensa la fundamentación de nuestra STS de 23 junio 2003 (rec. 124/2002) pues considera que su argumentación es por completo aplicable al caso. Recordemos algunos pasajes de sus razonamientos:
No cabe duda pues que las partes negociadoras de un convenio colectivo pueden, en ejercicio de la autonomía colectiva, imponer a los trabajadores la asistencia obligatoria a los cursos de formación profesional, siempre y cuando estos se impartan durante su tiempo de puesta a disposición del empleador, o lo es igual durante su jornada laboral (...) la empresa no puede imponer a quien trabaja el desarrollo de actividades formativas fuera de su tiempo de trabajo. En consecuencia, o se realizan cuando estaba previsto el desarrollo de actividades productivas, o deben ser compensadas convenientemente.» STS, Sala de lo Social, núm. 173/2021, de 9 de febrero.
[16] En un sentido similar la STS, Sala de lo Social, núm. 179/2019, de 6 de marzo, al no considerar tiempo de trabajo la formación en materia de instrumentos financieros no obligatoria que la empresa pone a disposición de sus personas trabajadoras. La STSJ de Andalucía, Sala de lo Social, núm.2249/2021, de 14 de diciembre, respecto al cómputo como jornada ordinaria de trabajo las horas de formación, sin que se distinga del tiempo de trabajo efectivo, a efectos de la consideración perceptiva de esas horas como extraordinarias per se, lo que niega la resolución judicial al poder compensarse con tiempo de descanso equivalente.
[17] Así en el supuesto enjuiciado en la Sentencia de la Audiencia Nacional, Sala de lo Social, núm. 90/2020, de 27 de octubre, en la cual de nuevo de forma incorrecta se cataloga como tiempo de trabajo efectivo y no como lo que es, jornada laboral, la pausa para el desayuno como resultado del acuerdo colectivo.
[18] STS, Sala de lo Social, núm. 147/2021, de 16 de diciembre.

Con ello, el propio Tribunal no haría sino seguir en cierto modo la teorización ya esbozada en la STS de 6 de marzo del 2000 (núm. de recurso 1217/1999), al considerar el concepto de jornada como más amplio y global que el de jornada de trabajo (art. 34.1 ET), haciendo equivaler éste último al de tiempo de trabajo efectivo como aquel en el que la persona trabajadora se encuentra prestando de forma efectiva sus servicios en su puesto de trabajo, mientras que en el de jornada de encuentran tanto estos periodos como los de descansos retribuidos o no.

Por otro lado, en algunas ocasiones nuestros tribunales parten de una concepción criticable del concepto de tiempo de trabajo residente en la Directiva 2003/88. Por ejemplo, la STSJ de Islas Baleares, Sala de lo Social, núm. 474/2021[19], de 7 de diciembre, que sigue la estela de la STS de 21 de abril del 2016 ya citada considera, interpretando el art. 2 de la Directiva que:» el tiempo de trabajo es definido en función de tres requisitos: la permanencia del trabajador en el trabajo, la sujeción al poder de disposición de la empresa, y el ejercicio por parte del trabajador de su actividad laboral.» Cuando, en ningún momento, en la normativa comunitaria aparece el requisito presentista o de permanencia, resquicio espacial derivado de la tradicional legislación nacional y que poco se compadece con regulaciones más recientes españolas como las de teletrabajo.

Con más claridad, incluso la STS, Sala de lo Social, núm. de recurso 27/2008, de 27 de enero del 2009: «La doctrina más reciente de la Sala sigue insistiendo en la diferencia entre horas de localización y horas de trabajo, como puede verse en las sentencias de 27 de febrero de 2001 y 11 de octubre de 2006 , en las que se afirma que la exclusión del cómputo de la jornada sólo puede realizarse cuando se trata de tiempo de guardias de localización o mixtas en la fracción que no tiene consideración de trabajo efectivo, añadiendo que esta exclusión no puede realizarse respecto al trabajo efectivo o al tiempo de presencia en el centro de trabajo, lo que claramente está indicando que las guardias de localización sin presencia en el centro de trabajo o en lugar designado por el empresario no son tiempo de trabajo.» Y ello sobre la base de una lectura equivocada de la jurisprudencia del TJUE a la cual se cita expresamente[20].

---

[19] A pesar de proceder a una cita exhaustiva de la doctrina judicial comunitaria —casos DELLAS, SIMAP, JAEGER, MAZTAK— concluye con la «aplicación al transporte de enfermos y accidentados en ambulancia en la medida que la Ley 16/1987, de 30 de julio, de ordenación de los transportes terrestres, señala en artículo 66.2 que en todo caso se considerarán transportes especiales el de... personas enfermas o accidentadas..., como así ha sido admitido en la sentencia del Tribunal Supremo de 21 de abril de 2016.»
[20] Continúa la STS del 2010: «Y el mismo criterio se refleja en las sentencias del Tribunal de Justicia de las Comunidades Europeas de 3 de octubre de 2000 (asunto SIMAP) y 9 de septiembre de 2003 (asunto Jaeger).»

En algunas ocasiones, incluso la exegesis interpretativa reciente del Tribunal Supremo muestra con absoluta crudeza lo expuesto, al menos en su Sala de lo Contencioso-administrativo, al analizar el concepto de tiempo de trabajo en el art. 2 de la Directiva 2003/88 a efectos de la consideración del tiempo de guardia. La Sala explicita de forma sorprendente lo siguiente:

> «*Pues bien, si estamos a la literalidad de la definición del artículo 2.1 sobre el "tiempo de trabajo" resulta avalada la tesis negativa, es decir, que el tiempo durante el que se realizan las guardias no presenciales, no es un tiempo de trabajo. Así es, dicho precepto exige, en primer lugar, que el trabajador se encuentre en su lugar de trabajo, lo que supone una exigencia de presencia física en un único lugar, pues se señala que es el periodo durante el cual el trabajador permanezca en el trabajo; precisando, en segundo lugar, que se encuentre a disposición del empresario para prestar sus servicios cuando sea llamado; y en tercer lugar, en fin, que esté en ejercicio de su actividad o de sus funciones, lo que abunda en la presencia física en el lugar de trabajo, que es donde se realizan las funciones propias de su actividad.*»[21]

De nuevo, se transponen elementos y presupuestos derivados de la legislación nacional a la interpretación de una legislación comunitaria donde la exigencia espacial, la presencia en el puesto de trabajo, para estimar la existencia de tiempo de trabajo sencillamente no existe.

Fruto de una lectura equivoca de la normativa comunitaria se añade un requisito espacial propio de la legislación española, pero no de la legislación y doctrina judicial comunitaria como hemos tenido ocasión de comprobar anteriormente.

Otras cuestiones

Adviértase, empero, que no todas decisiones sobre tiempo de trabajo del Tribunal Supremo y de nuestros tribunales nacionales de menor rango están dirigidas o influidas por la jurisprudencia comunitaria sin que vulnere con ello ésta. En muchos casos, la decisión se concreta en la interpretación de la existencia de tiempo de trabajo en relación con la regulación convencional o estatutaria[22], o por la pro-

---

[21] STS, Sala de lo Contencioso-administrativo, núm. 1315/2022, de 17 de octubre.
[22] Por ejemplo, el supuesto contemplado en la STSJ de la Comunidad Valenciana, Sala de lo Social, núm. 1407/2017, de 29 mayo, que considera de acuerdo con la regulación pacticia que el descanso obligatorio tras la finalización de un periodo de guardia no es tiempo de trabajo efectivo por no preverlo así el Estatuto Marco aplicable al centro sanitario.

pia aplicación directa de la normativa del legislador nacional ante la remisión o ausencia de criterio del legislador comunitario, como en el caso de la definición de trabajo nocturno[23], la fijación de vacaciones[24], la determinación del trabajo a turnos[25], el tiempo aplicado a la función como miembro de la mesa electoral[26] y un largo etcétera.

7.2.3. La recepción del amplio concepto de trabajador en materia de tiempo de trabajo a efectos de la aplicación de la Directiva 2003/88

Las dos Salas del Tribunal Supremo, la social y la contenciosa-administrativa, han resuelto litigios referentes la caracterización o existencia de tiempo de trabajo en los supuestos de guardias o horas de presencia, superando los límites de la relación laboral tal como la concibe el art. 1.º ET.

Como advertiremos en los siguientes apartados, no sólo el trabajador por cuenta ajena se verá en sus diferentes sectores, grupos y categorías amparado por el art. 3 de la Directiva 2003/88 con la exclusión de los supuestos expresamente excluidos que ya se han reseñado; también el personal estatutario (sanitario) y funcionarial (prisiones, fiscales, guardia civil[27] etc.) se verá incluido dentro de la esfera tuitiva de esta normativa. En tal sentido, las resoluciones judiciales son bastante explicitas, sin que introduzcan excesivo nivel de debate[28], considerando con absoluta llaneza la natural inclusión del colectivo entre los protegidos por la

---

[23] STSJ de Cataluña, Sala de lo Social, núm. 880/2019 de 18 febrero, que reseña con acierto que para la consideración de la existencia de trabajo nocturno no es necesaria la efectiva y práctica realización de la jornada en el horario propio nocturno durante un tercio del global de la jornada sino la programación o previsión de esa sea la proyección a realizar con independencia de que en un concreto caso una persona trabajadora realice una jornada real y efectiva algo inferior o superior al tercio de referencia, siguiendo la construcción de las SSTS que cita expresamente de 23 de mayo del 2011 y dieciséis de enero del 2014.

[24] Como la STSJ de Castilla-La Mancha, Sala de lo Social, núm. 1497, de 16 de noviembre que, aun admitiendo las sólidas razones de la empresa para establecer un mes fijo de vacaciones con cierre de las instalaciones, advierte que la obligatoriedad de pacto al respecto fijada en el convenio limita la voluntad unilateral empresarial.

[25] STS, Sala de lo Social, núm. 833/2022, de 18 de octubre.

[26] SAN, Sala de lo Social, núm. 75/2023, de 5 de junio, como tiempo de trabajo y no como licencia retribuida.

[27] Respecto de este colectivo véase la STS, Sala de lo Contencioso-Administrativo, núm. 600/2022, de 19 de junio. En la resolución judicial, en relación con la reclamación de un guardia civil «por el solapamiento del descanso diario de 11 horas con el descanso por día festivo», contraviniendo la Directiva 2003/88, explicita que «no se ha aportado ninguna razón por la que deba considerarse que la Guardia Civil queda fuera del ámbito de aplicación de la legislación europea sobre tiempo de trabajo ni, en particular, de la Directiva 2003/88/CE. Tampoco se han aducido especialidades de este instituto que pudieran conducir a una solución diferente».

[28] «Acorde con los perfiles de la cuestión de interés casacional que hemos expuesto en el fundamento anterior, y teniendo en cuenta que resulta de aplicación a los miembros de la Carrera Fiscal el contenido del artículo 3 de la Directiva 2003/88/CE, debemos comenzar observando que el "descanso diario", en un periodo mínimo de 11 horas consecutivas, que establece dicho artículo 3...» STS, Sala de lo Contencioso-administrativo, núm. 394/2022, de 29 de marzo.

normativa europea aun cuando se estemos ante relaciones funcionariales de diversa cualificación[29].

Igualmente, forma parte de esa concepción amplia, la consideración restrictiva de las excepciones a la aplicación de las reglas generales de la Directiva 2003/88, siguiendo la doctrina TJUE. En este sentido, la STS, Sala de lo Social, núm. 280/2022, de 30 de marzo[30], que no considera justificada la aplicación del régimen de excepciones previsto en el art. 17 de la Directiva 2003/88 en materia de descansos a los MIR de un Hospital de la Comunidad Autónoma de Madrid.

Todo ello, sin perjuicio, de las resistencias advertidas en apartados anteriores y de resoluciones judiciales claramente ininteligibles que de forma desafortunada y con una incomprensible argumentación aplican de forma extensiva las excepciones de la Directiva 2003/88 a pesar del cambio en la doctrina del Tribunal Supremo. A título de ejemplo, sirva la STSJ de Castilla-La Mancha, Albacete, Sala de lo Social, núm. 1742/2021, de 16 de noviembre al considerar la guardia localizada en las instalaciones del camillero de ambulancia la empresa como no tiempo de trabajo en base a estimación de esta actividad como una de las excepciones del art 20 de la Directiva 2003/88, efectuando una interpretación amplia del concepto de trabajador móvil[31].

---

[29] «(…) a la hora de fijar como tiempo de trabajo o periodo de descanso las guardias localizadas: la inclusión en la relación laboral o funcionarial de un elemento que condicione la libertad de movimientos de actuación social personal del trabajador, empleado o funcionario.» Auto del Tribunal Supremo, Sala de lo Contencioso-Administrativo, de 9 de marzo del 2023, núm. de recurso 8898/2021. En este caso, un funcionario de prisiones.

[30] «Consiguientemente, acreditado que, el colectivo de residentes ha realizado efectivamente su jornada ordinaria, probado que, cuando les toca guardia de 24 horas en víspera de festivo o en sábado, se les concede únicamente un descanso de 24 horas, debemos concluir que dicha actuación de la CAM vulnera directamente lo dispuesto en el art. 37.1 y 2 ET, aplicable al supuesto debatido, en relación con lo establecido en los arts. 3, 5, 16 y 17.2 de la Directiva 2003/88/CE.
Dicha conclusión no puede enervarse, porque el apartado 17.3.i de la Directiva contemple, entre las posibles excepciones a la regulación de sus arts. 3, 4 y 5, a los servicios relativos a la recepción, tratamiento y/o asistencia médica prestados por hospitales o centros similares (incluyendo las actividades de médicos en períodos de formación), instituciones residenciales y prisiones, puesto que, es requisito constitutivo, para que se active dicha excepción, que se haya acreditado que concurran circunstancias excepcionales, en los que, por razones objetivas no sea posible la concesión de dichos descansos, lo que no se ha probado de ninguna manera por la CAM, sin que sea causa de justificación que deba cumplirse el programa formativo, toda vez que, no se ha probado tampoco que el cumplimiento de los descansos legales impida el despliegue de dicho plan, que no podría implementarse, en ningún caso, mediante la reducción de los derechos legales al descanso de los trabajadores.»

[31] «(…) en la definición dada por la Directiva es trabajador móvil "todo trabajador empleado como miembro del personal de transporte de una empresa que realice servicios de transporte de pasajeros o mercancías por carretera, vía aérea o navegación interior" y aunque no puede negarse que el transporte de ambulancias quede fuera de esta definición, también deben tenerse en cuenta sus peculiaridades propias dentro del común socialmente considerado de lo que es el transporte, discrecional no, de mercancías y personas, sobre todo teniendo en cuenta que, como dice la sentencia de referencia del TJUE —que recuerda doctrina de la sentencia de 14 de octubre de 2010, UNION SYNDICALE SOLIDAIRES ISÈRE, C428/09, EU:C:2010:612— "de la jurisprudencia del Tribunal de Justicia se desprende que, en lo que atañe a las posibilidades para establecer excepciones previstas en la Directiva 2003/88, en particular en su artículo 17, como excepciones al régimen de la Unión Europea en

7.2.4. La abdicación del principio pro operario en la doctrina judicial española. El no reconocimiento de la naturaleza de normas sobre seguridad y salud en el trabajo de las reglas sobre tiempo de trabajo

Hemos advertido que uno de los principios rectores del TJUE a la hora de resolver los conflictos en torno al concepto de tiempo de trabajo y tiempo de descanso es la aplicación del principio *pro operario*, como consecuencia directa de la naturaleza de normativa de seguridad y salud laboral de las reglas en torno a esta materia. La consideración del trabajador como «parte débil» de la relación laboral obliga según hemos advertido en la lectura de la SSTJUE, a esa interpretación.

¿Refleja la doctrina judicial española el principio indicado en esta materia? La respuesta solo puede obtenerse a través de la lectura detenida de sus resoluciones. Y, a mi juicio, la contestación es negativa.

En primer lugar, por la ausencia cuasi absoluta de una referencia expresa al criterio indicado, a salvo de alguna honrosa y reciente excepción[32] como tampoco a la naturaleza de las prescripciones sobre tiempo de trabajo como generadoras de derechos en materia de prevención de riesgos laborales para las personas trabajadoras.

---

materia de ordenación del tiempo de trabajo establecido por esta Directiva, éstas deben ser objeto de una interpretación que limite su alcance a lo estrictamente necesario para salvaguardar los intereses que dichas excepciones permiten proteger".

El citado artículo 20 establece que lo dispuesto en los artículos 3, 4, 5 y 8 de la Directiva no se aplicará a los trabajadores móviles; si bien los Estados miembros adoptarán las medidas necesarias para garantizar que los trabajadores móviles tengan derecho a un descanso adecuado, salvo en las circunstancias previstas en las letras f) y g) del apartado 3 del artículo 17. El artículo 3 se dedica a la fijación de un período mínimo de descanso diario de 11 horas».

[32] «Siendo, así las cosas, ha de jugar la presunción general de considerar tiempo de presencia, y no de descanso, "los períodos durante los cuales el trabajador acompañe a un vehículo transportado en transbordador", conforme expresamente disponen el artículo 10.4 a) RD 1561/1995 y el artículo 28.3 e) del II Acuerdo de transporte. Ciertamente, tanto el precepto legal como el precepto convencional recién mencionados disponen que ello será así salvo que aquellos periodos de acompañamiento constituyan una pausa o descanso. Pero, además de que ni las normas mencionadas —ni tampoco el Reglamento 561/2006—, definen con precisión el concepto de descanso, y aunque el artículo 9 de este último Reglamento relaciona la disposición de litera con el descanso del conductor, lo cierto es que, como ya hemos anticipado, el considerando 5 del Reglamento 561/1995 afirma expresamente que las disposiciones del Reglamento 561/2006 relativas a las condiciones de trabajo no deben 6 ser obstáculo al derecho de empresarios y trabajadores del sector a establecer, ya sea mediante negociación colectiva u otros medios, "disposiciones más favorables para los trabajadores." Y, en este sentido, es claro que para el trabajador es más favorable que el tiempo de acompañamiento del vehículo en el transbordador no se impute a su tiempo de descanso —premisa de la que parece partir el artículo 9 del Reglamento 561/2006 si el trabajador dispone de litera—, sino que sea considerado tiempo de presencia. Con carácter general, el Derecho de la Unión Europea no considera categorías que cabe denominar "intermedias" entre el tiempo de trabajo y el tiempo de descanso. Pero estamos en un sector muy específico —el de transporte por carretera— y ante una actividad muy singular —el acompañamiento del vehículo en transbordador— que, si bien el artículo 9 del Reglamento 561/2006 parece

La lectura de las múltiples resoluciones judiciales nacionales que aquí se citan nos lleva a la conclusión de que nuestros tribunales no participan de la consideración comunitaria de la regulación del tiempo de trabajo como normativa destinada a la tutela de la salud del trabajador. En realidad, se plantea como un aspecto más de las condiciones de trabajo —retribuciones, movilidad funcional y categoría, formación, etc.—, sin que se adviertan las particularidades tuitivas y de cuidado que se derivan de la naturaleza indicada. Una de las consecuencias de ello es no admitir una interpretación extensiva de las cláusulas convencionales a efectos de la determinación de lo que es tiempo de trabajo efectivo, ciñéndose a la literalidad del precepto[33].

En segundo lugar, y en este caso la reflexión deriva de una reflexión más introspectiva sobre la doctrina reseñada, por la consideración de las guardias no presenciales localizadas como tiempo de descanso como criterio prioritario[34], trayendo a colación de una forma algo mutilada la jurisprudencia del TJUE[35]. Incluso, en alguna ocasión, la afirmación es tajante, se cita de forma parcial de la jurisprudencia comunitaria para justificar la consideración como tiempo de trabajo solo de las guardias presenciales[36].

---

partir de la premisa de que se considera tiempo descanso siempre que el trabajador disponga de litera, la apertura expresa a disposiciones más favorables para los trabajadores por parte del propio Reglamento 561/2006 permite previsiones como las de considerar que aquel tiempo de acompañamiento es tiempo de presencia, y no de descanso. Estas previsiones más favorables para los trabajadores son las que se contienen, precisamente, en el artículo 10.4 a) RD 1561/1995 y en el artículo 28.3 e) del II Acuerdo de transporte.» STS, Sala de lo Social, 47/2024, de 11 de enero.

[33] «(…) por estar así pactado expresamente, como es habitual, en el convenio colectivo de aplicación, pacto que no puede ser interpretado extensivamente abarcando períodos no incluidos en el mismo de acuerdo con lo dispuesto en el artículo 34.4 ET antes citado, que establece que el periodo de descanso se considerará tiempo de trabajo efectivo cuando así esté establecido o se establezca por convenio colectivo o contrato de trabajo.» STSJ de Andalucía, Sala de lo Social, núm. 1292/2017, de 27 de abril.

[34] Sobre guardias de localización en el transporte, que las distingue claramente del tiempo de presencia, señalando que «la nueva situación de disponibilidad, en la que el trabajador tan sólo está localizable y a disposición de la empresa, no implica, por si sola, el desarrollo de ningún trabajo, y por ende está claramente fuera de la jornada laboral…». Y así señala que la guardia de localización cuando el trabajador no permanece en el lugar designado por el empresario no es tiempo de trabajo. No lo es, ni conforme al artículo 14 del Real Decreto 1561/1997, ni conforme a la norma convencional aplicable, ni tampoco puede configurarse como tiempo de trabajo por la vía de incluirle en la definición más amplia de tiempo de presencia del artículo 8 del Real Decreto citado, que considera tiempo de presencia «aquel en que el trabajador se encuentre a disposición del empresario sin prestar trabajo efectivo por razones de espera, expectativas, servicios de guardia, viajes sin servicio, averías, comidas en ruta u otras similares». STS, Sala de lo Social, núm. 412/2017, de 11 de mayo.

[35] En la STS núm. 412/2012, se citan los CASOS SIMAP y JAEGER en los cuales el propio tribunal refiere la importancia de la limitación a la capacidad del trabajador de disponer de su tiempo y libertad como criterio diferenciador y, sin embargo, no se traslada tal análisis al supuesto fáctico objeto del litigio.

[36] «La Directiva 2003/88/CE, del Parlamento Europeo y del Consejo, de 4 de noviembre de 2003, relativa a determinados aspectos de la ordenación del tiempo de trabajo, distingue entre dos grandes categorías: tiempo de trabajo y tiempo de descanso (art. 2). El primero comprende "todo período durante el cual el trabajador permanezca en el trabajo, a disposición del empresario y en ejercicio de su actividad o de sus funciones, de conformidad con las legislaciones y/o prácticas nacionales"; y el período de descanso es "todo período que no sea tiempo de trabajo". Pues bien, la STJUE 3-10-00 (asunto C-303/98, SIMAP), también distingue entre las guardias en ré-

El Tribunal Supremo, parte, utilizando la jurisprudencia del TJUE en su apoyo[37] de que el tiempo de guardia, las guardias no presenciales localizables, son, como norma general, tiempo de descanso, y sólo cuando se prueba la concurrencia de estas intensas constricciones (breve tiempo de respuesta, frecuencia en los llamamientos, etc.) nos encontramos ante tiempo de trabajo[38]. Eso sí con acierto se reseña que es necesario contemplar el conjunto de todas las circunstancias para obtener una respuesta adecuada[39].

Con claridad y casi excesiva transparencia puede advertirse esta doctrina en alguna resolución de tribunales superiores de justicia[40]. Se parte de una percepción

---

gimen de localización, sin presencia en el centro sanitario, y aquellas que se desarrollan en régimen de presencia física: sólo estas últimas deben considerarse tiempo de trabajo. Contrario sensu, las guardias de localización constituyen período de descanso. La STJUE 9-9-03 (asunto C-151/02, Jaeger) llega a la misma conclusión.» SAN, Sala de lo Social, núm. 74/2015, de 27 de abril.

[37] Cita de la STJUE, Gran Sala, de 9 de marzo de 2021, C-580/19, asunto STADT OFFENBACH AM MAIN, apartado 37 por la STS, Sala de lo Social, núm. 283/2023, de 18 de abril.

[38] Y también los tribunales superiores de justicia. Ejemplo de ello, es la STSJ de La Rioja, Sala de lo Social, núm. 239/2022, de 19 de diciembre, que expresamente sostiene que las guardias no presenciales solo se considerarán tiempo de trabajo efectivo cuando «generan grandes limitaciones que tienen un impacto muy significativo» en la administración de su tiempo privado por la persona trabajadora.

[39] «El periodo de guardia localizada, en definitiva, no puede calificarse automáticamente de "tiempo de trabajo", en el sentido de la Directiva 2003/88/CE y a los efectos ahora examinados sobre la repercusión económica por el descanso de 11 horas no realizado, que es lo que parecen postular los recurrentes, toda vez que no se somete a limitaciones adicionales intensas. Así es, ni se limita el lugar en el que debe estarse durante dichas guardias, ni se señala la frecuencia de las intervenciones, ni el plazo de respuesta en que han de realizarse, ni cualesquiera otras limitaciones concretas más allá de la genérica alusión a la penosidad de la guardia o a la inmediatez de la respuesta.
Téngase en cuenta que no procede realizar una aplicación automática del "tiempo de trabajo", cuya calificación es esencialmente casuística, pues corresponde a los órganos jurisdiccionales, a tenor de la jurisprudencia señalada en el fundamento anterior, verificar si procede o no aplicar dicha calificación al tiempo de la guardia localizable. Esta valoración ha de hacerse teniendo en cuenta las consecuencias que se derivan de las limitaciones adicionales impuestas, si es que concurren. Verificando si tales restricciones adicionales inciden y restringen su capacidad para administrar libremente el tiempo durante el cual no se requieren sus servicios profesionales y pueda dedicarse a sus propios intereses.» STS, Sala de lo Contencioso-administrativo núm. 1315/2022, de 17 de octubre. Más matizadamente, pero en el mismo sentido, la STS, Sala de lo Contencioso-administrativo, núm. 1042/2022, de 20 de julio: de «Pues bien, en la mencionada sentencia se concluye que las guardias no presenciales —es decir, la obligación de estar disponible para prestar servicio si fuese necesario— no constituyen, en principio, tiempo de trabajo a efectos del art. 2 de la Directiva 2003/88/CE. Pero sí pueden serlo si a la mera situación de disponibilidad se añade alguna otra prescripción que limite la movilidad o la libertad de actuación en su tiempo libre del funcionario concernido. De aquí que la sentencia n.º 394/2022 concluyera que la determinación de si las guardias no presenciales son "tiempo de trabajo" depende en gran medida de una valoración ponderada de las circunstancias de cada supuesto».

[40] «En cuanto a la calificación de las guardias de disponibilidad como tiempo efectivo de trabajo, nuestra Jurisprudencia (SSTS 26/09/22, Rec. 111/20; 17/02/22, Rec. 123/20; 5/04/22, Rec. 85/20), y la doctrina comunitaria (SSTJUE 11/11/21, Asunto C-214/20; 9/09/21, Asunto C-107/19), han establecido las siguientes reglas:
1. Tienen 1. Tienen la consideración de tiempo efectivo de trabajo las guardias de disponibilidad que obligan al trabajador a permanecer en las instalaciones de la empresa, o en cualquier otro lugar designado por el empleador —incluido el propio domicilio—, para acudir en un breve plazo de tiempo al requerimiento empresarial, y que se desenvuelven, por lo tanto, en condiciones que limitan su libertad de deambulación e impiden administrar a voluntad el tiempo para poder dedicarse a sus intereses personales y a la libre realización de aquellas actividades que considere oportunas.

negativa lastrada por la concepción espacial ya reiterada que para la cual la no presencia en el puesto de trabajo cuasi determina a priori la no existencia de tiempo de trabajo frente a la más equilibrada postura del TJUE[41].

Coinciden, en todo caso, las Salas del Tribunal Supremo con el TJUE en esa necesidad de evaluación global de las circunstancias concurrentes, situando la frontera entre el tiempo de trabajo y tiempo de descanso, siguiendo aquí el espíritu la letra de la doctrina del TJUE, en la concurrencia o no de limitaciones de la libertad de disposición de su tiempo del trabajador de adjetivos («grandes», «intensas» limitaciones).

---

2. Por el contrario, las guardias en régimen de disponibilidad no presencial solo constituyen tiempo efectivo de trabajo, cuando, objetivamente, generan grandes limitaciones que tienen un impacto muy significativo en la administración, por parte del trabajador, del tiempo durante el cual no se requieren sus servicios profesionales, a cuyo efecto, deben ponderarse especialmente el plazo de que dispone ese trabajador para reanudar sus actividades profesionales con el empresario para el que lleva a cabo esa guardia a partir del momento en que este requiere sus servicios, y, en su caso, la frecuencia media de las intervenciones que dicho trabajador hade realizar efectivamente durante ese período.» STSJ La Rioja núm. 239/2022, de 26 de septiembre.

[41] Recordemos la postura de este, aun brevemente: «Se desprende, tanto de los elementos expuestos en los apartados 34 a 37 de la presente sentencia como de la necesidad, recordada en el apartado 28 de esta, de interpretar el artículo 2, punto 1, de la Directiva 2003/88 a la luz del artículo 31, apartado 2, de la Carta de los Derechos Fundamentales, que el concepto de "tiempo de trabajo", en el sentido de la referida Directiva, incluye todos los períodos de guardia, incluidos aquellos que se realizan en régimen de disponibilidad no presencial, durante los cuales las limitaciones impuestas al trabajador son de tal naturaleza que afectan objetivamente y de manera considerable a su capacidad para administrar libremente, en esos períodos, el tiempo durante el cual no se requieren sus servicios profesionales y para dedicar ese tiempo a sus propios intereses.» STJUE, Gran Sala, de 9 de marzo de 2021, C-580/19, asunto STADT OFFENBACH AM MAIN apartado 38.

8. La casuística jurisprudencial española acerca de la existencia de tiempo de trabajo efectivo con explícita referencia a la doctrina TJUE

El desarrollo jurisprudencial acerca de la noción de tiempo de trabajo ha sido considerable y la influencia de la doctrina del TJUE constatable. Su exposición es de gran interés.

8.1. Un sector paradigmático: el caso del personal dedicado al transporte de enfermos y accidentados

8.1.1. La doctrina tradicional: el mantenimiento de un tercer género

Es en el sector de ambulancias donde se ha implementado una doctrina más completa, quebrándose aquí la doctrina tradicional del Tribunal Supremo por lo que su análisis merece una reflexión más particularizada y extensa.

Y es que el TS mantenía de forma constante la existencia de un tercer género añadido al tiempo de trabajo o tiempo de descanso, horas o tiempo de presencia. La argumentación del TS en este segmento de actividad se articulaba a través de dos ejes indisolubles:

- El primero, su implementación, reconocimiento y regulación en la negociación colectiva a través de diversos convenios de ámbito territorial diverso del sector de transporte de enfermos y accidentados, basándose en el carácter público de la actividad[1] y,

---

[1] Sólo a título de ejemplo el Convenio colectivo Estatal del sector de transporte de enfermos y accidentados en ambulancia, (BOE 5/7/2010) en su art. 51 bajo la rúbrica jornada laboral:
«1. La jornada ordinaria de trabajo para el personal que no sea de movimiento será de cuarenta horas de trabajo a la semana, o la legal que en cada momento exista. La jornada de trabajo para el personal de movimiento será de cuarenta horas semanales y de 1.800 horas/año de trabajo efectivo, que se computará cómo ciento sesenta horas cuatrisemanales de trabajo efectivo más ochenta horas de presencia en el mismo periodo. En el supuesto de que la jornada sea partida, sólo podrá haber una interrupción mínima de una hora y máxima de dos horas.

• El segundo, de carácter técnico. El transporte mediante ambulancias se hallaría dentro de las excepciones permitidas por la Directiva 2003/88 al transporte por carretera, aplicando, por tanto, la regulación del art. 8 y concordantes del RD 1561/1995 sobre horas de presencia[2].

El exponente más citado de esta doctrina lo tenemos en la a STS, Sala de lo Social, núm. 316/2016 de 21 de abril del 2016 que incluyó el servicio de asistencia médica urgente o de ambulancias en el RD 1561/1995 en el ámbito del transporte por carretera[3], al igual que otras del mismo tribunal al considerar la esfera de so-

---

2. *Descripción de la jornada de trabajo del personal de movimiento (tiempo de trabajo efectivo y tiempo de presencia). Recibirá la consideración de tiempo de trabajo efectivo aquel en que el trabajador/a se encuentre a disposición del empresario o en el ejercicio de su actividad, realizando las funciones propias de la conducción del vehículo o medio de transporte u otros trabajos durante el tiempo de circulación de los mismos, o trabajos auxiliares que se efectúen en relación con el vehículo, o medio de transporte, sus pasajeros o su carga. Tendrá la consideración de tiempo de presencia aquel en que el trabajador/a se encuentre en disposición del empresario sin prestar trabajo efectivo, por razones de espera, expectativas, servicios de guardia, viajes sin servicio, averías, comidas en ruta u otras similares. Las anteriores disposiciones en materia de tiempo de trabajo efectivo y de presencia resultarán de aplicación a los conductores, ayudantes y otro personal auxiliar de viaje en el vehículo que realice trabajos en relación con el mismo, los enfermos trasladados o su carga, en servicios tanto urbanos como interurbanos.* Pero los convenios colectivos provinciales en tal sentido abundan. Art. 40 del Convenio Colectivo II Convenio Colectivo para las Empresas y Trabajadores de Transporte de Enfermos y Accidentados en Ambulancia de la Comunidad Autónoma de Extremadura publicado en el DOE de 17 de marzo de 2017, se refiere al llamado "tiempo de presencia": Dadas las especiales características que concurren en este sector, como consecuencia de la permanente disponibilidad del personal de movimiento para atender estos servicios públicos, que conlleva la existencia de horas de presencia, éstas no pueden tener la consideración de tiempo de trabajo efectivo y, por tanto, no computarán a efectos de la duración máxima de la jornada ordinaria de trabajo, ni para el límite máximo de horas extraordinarias, según establece expresamente el Real Decreto 1561/1995, de 21 de septiembre, modificado por Real Decreto 902/2007, de 6 de julio. Consecuentemente, para el cómputo de la jornada se distinguirá entre tiempos de trabajo efectivo y tiempos de presencia, conforme a la regulación y límites establecidos en el presente convenio».

2 Junto con las resoluciones que enunciaremos seguidamente, las SSTSJ de las Salas de lo Social, de Baleares, núm. 474/2021, de 7 de diciembre, y de Castilla-La Mancha, núm. 1742/2021, de 16 de noviembre, mantenían que en las guardias del servicio de ambulancias la categoría de tiempo de presencia en estos servicios está permitida por las excepciones de la regulación comunitaria, siendo de aplicación el citado RD 1561/1995, en su art. 8.

3 La argumentación del TS para mantener tal inclusión, rechazando la de la organización sindical demandante, no puede ser más peculiar, frente a la clara visión de ésta: «El recurrente, basándose en la definición del DRAE del término "viajero", y para sostener la inaplicación del RD 15611561/95 al sector de actividad empresarial cuestionado, afirma —literalmente— que no resulta consecuente asimilar la jornada de los trabajadores del sector de las ambulancias, que realizan una tarea indispensable en orden a la protección de los derechos a la vida (art. 15 CE) y a la salud (art. 43 CE) de las personas, con la de otros profesionales que sí entran con claridad en el concepto de "trabajadores móviles del transporte por carretera, como pueden ser los conductores de autobuses o los repartidores de paquetería". Sin embargo, a nuestro entender, tan peregrino y banal argumento no hace sino poner de relieve, como denuncia el Ministerio Fiscal, la ausencia de cualquier fundamentación jurídica y la necesidad de desestimar el recurso porque tan "trabajadores móviles" son unos como otros y quienes desempeñan su importante labor en el sector de las ambulancias no se encuentran expresamente excluidos de la aplicación de aquella norma. Y dado que la regulación contenida en el convenio colectivo, como igualmente sostienen los escritos de impugnación de los sindicatos codemandados, no contradice el límite de horas establecido en el art. 8.3 del tan repetido RD, la disposición convencional no resulta contraria a derecho.»

lución de los conflictos los de «guardia de localización en el transporte», girando el conflicto, entre la diferenciación entre guardias de localización y las horas de trabajo, concebida aquella como tiempo de presencia[4]. Todo ello, sin perjuicio, de la adecuación o no del fallo a la jurisprudencia comunitaria. Esta jurisprudencia sustento una doctrina judicial que supuso la exclusión de los conductores de ambulancias y del personal ocupado en esas tareas de la regulación común de la Directiva 2003/88. Así, solo a título de ejemplo:

- STSJ de Castilla-La Mancha, Albacete, Sala de lo Social, núm. 1742/2021, de 16 de noviembre que se aparta de la interpretación restrictiva de las excepciones reconocida en la propia resolución judicial a través de argumentaciones que lindan lo sorpresivo e ininteligible[5].
- STSJ de Galicia, Sala de lo Social, núm. 33/2020, de 27 de octubre, que sin argumentación alguna no cuestiona la legalidad de la regulación de tiempo de presencia en un supuesto de concurrencia entre convenio de Comunidad Autónoma y Estado, estimando de facto sin mención ni argumentación alguna aplicable a este colectivo las excepciones de los arts. 17 y 18 de la Directiva 2003/88 que sí cita expresamente.
- Sin perjuicio de la adecuación de la respuesta final del tribunal en su resultado a la doctrina TJUE, no respeta el binomio tiempo de trabajo/tiempo de descanso y contiene un verdadero pastiche argumental[6] al considerar que las guardias de localización no son tiempo de presencia, sino «simple

---

[4] STS, Sala de lo Social, núm. 412/2017, de 11 de mayo, citando del mismo tribunal y sala de 27 de enero del 2009, núm. de recurso 27/2008, o de 18 de noviembre del 2016, número de recurso 234/2015.

[5] Se concluye que no es tiempo de trabajo el tiempo de guardia localizado en las instalaciones de él la empresa: «Se considera "es posible matizar esta conclusión —se refiere a la aplicación de la consideración como tiempo de trabajo del tiempo de guardia en las instalaciones de la empresa— por la vía de las excepciones autorizadas por el artículo 17 a 20 de la Directiva en cuanto puedan habilitar una normativa ajustada la Directiva y asumible jurídicamente como la del RD 1561/88 de jornadas especiales. Al respecto, el recurrente alude a las exclusiones del artículo 20 para los trabajadores móviles entendiendo que son tales los demandantes, siendo necesario advertir que en la definición dada por la Directiva es trabajador móvil "todo trabajador empleado como miembro del personal de transporte de una empresa que realice servicios de transporte de pasajeros o mercancías por carretera, vía aérea o navegación interior" y aunque no puede negarse que el transporte de ambulancias quede fuera de esta definición, también deben tenerse en cuenta sus peculiaridades propias dentro del común socialmente considerado de lo que es el transporte, discrecional no, de mercancías y personas, sobre todo teniendo en cuenta que, como dice la sentencia de referencia del TJUE —que recuerda doctrina de la sentencia de 14 de octubre de 2010, UNION SYNDICALE SOLIDAIRES ISÈRE,C428/09, EU:C:2010:612— «de la jurisprudencia del Tribunal de Justicia se desprende que, en lo que atañe a las posibilidades para establecer excepciones previstas en la Directiva 2003/88, en particular en su artículo 17, como excepciones al régimen de la Unión Europea en materia de ordenación del tiempo de trabajo establecido por esta Directiva, estas deben ser objeto de una interpretación que limite su alcance a lo estrictamente necesario para salvaguardar los intereses que dichas excepciones permiten proteger».

[6] Cita expresamente los casos SIMAP y JAEGER en lo que concierne a las guardias de localización y presencia, olvidando que la doctrina TJUE obvia la existencia del tiempo de presencia en estos supuestos, calificando bien el periodo en disputa de tiempo de descanso o de trabajo.

localización a disposición de la empresa» —es decir, aunque no lo explicite, tiempo de descanso— admitiendo, por tanto, la existencia del tercer género y aplicando el RD 1561/1995, sobre la base de la revocada jurisprudencia del TS el de la guardia *on call* que exige una un tiempo de respuesta de 50 minutos, poseyendo el trabajador «completa libertad de movimientos» (STSJ de Castilla-La Mancha, Sala de lo Social, núm. 1899/2022, de 2 de diciembre[7]).

• STSJ de Extremadura, Sala de lo Social, núm. 241/2020, de 9 de julio, que sobre la base de la doctrina tradicional del Supremo[8] rechaza la adecuada petición de considerar contraria al ordenamiento jurídico la previsión convencional referida a la existencia de tiempo de presencia en la actividad de conductor de ambulancias.

• Después de efectuar una extensa exposición de la jurisprudencia comunitaria en torno al tiempo de trabajo y tiempo de descanso, finaliza de forma sorprendente, considerando que aunque el plazo para incorporarse al lugar de trabajo con el propio vehículo es «breve» —15 minutos—, el hecho de que la elección del sitio de partida corresponda al trabajador, y no se acrediten las frecuencias de salida, determina la consideración de tiempo del tiempo de guardia como tiempo de descanso, citando para ello la jurisprudencia clásica TS[9], concluyendo que la aplicación del convenio colectivo y del RD 1561/1995 implica que «la guardia de localización cuando el traba-

---

[7] Del mismo Tribunal y Sala con idénticos argumentos, rechazando la consideración de horas extraordinarias solicitada por el demandante, núm. 1465/2020, de 16 de octubre. En supuesto similar al anterior, y con la misma argumentación y cita de doctrina judicial, se niega la consideración de horas extraordinarias por el tiempo dedicado en sus turnos de trabajo de 24 horas a guardia localizada a disposición de la empresa con la ambulancia de emergencia y un teléfono móvil para atender a los servicios cuando era requerido para ello.

[8] «(…) porque la regulación que contiene el convenio no es contraria a derecho y así se mantiene en la STS de 21 de abril de 2016, rec. 90/2015, a la que se remite esta Sala en la de 8 de este mes y año, en el rec. 175/2020, y que confirma la de 23/12/2014 de la Sala de lo Social del Tribunal Superior de Justicia de Galicia (Recurso 57/2014) que razona: "la fijación de tiempo de espera, que no supera el límite de las veinte horas semanales que fija el art. 8.3 del RD para las horas de presencia, pues se fijaron 50 horas mensuales de presencia, es conforme a derecho, pues tal tiempo no es tiempo de trabajo efectivo" en el sentido del art. 2.1 de la Directiva 2003/88 que define como tal aquel en que el trabajador permanezca en el trabajo, a disposición del empresario y en ejercicio de su actividad o de sus funciones, "pues en los supuestos definidos, con carácter general, no existe ejercicio de actividad o funciones por parte del trabajador". Basta añadir que, en relación con la sentencia del TSJ de Cantabria en la que se apoya para este tema el demandante, "contempla un supuesto específico que no es el analizado en este caso, en concreto el de trabajadores del servicio de emergencias 061 que desarrollan su actividad laboral en régimen de 24 horas diarias y descanso de 72 horas, trabajando como regla general un total de 84 jornadas al año que supone 2.016 horas. Y, por otra, en contra de lo que sostiene la parte recurrida, dicha sentencia si bien fue recurrida en casación para la unificación de doctrina, la Sala de lo Social del Tribunal Supremo lo que declaró fue la inadmisión del recurso interpuesto por no apreciar contradicción entre la sentencia recurrida y la de contraste, por auto de 10 de diciembre de 2019, Rec. 133/2019", por lo que no puede considerarse que, aunque dicha sentencia fuera confirmada, su doctrina incorpora a nuestra jurisprudencia como pretende el demandante pues no fue asumida por el Tribunal Supremo que no entró en el fondo del asunto.»

[9] Exactamente la STS de 27 de enero del 2009, núm. de recuso 27/08.

jador no permanece en el lugar designado por el empresario no es tiempo de trabajo» (STSJ de Aragón, Sala de lo Social, núm. 220/2021, de 16 de abril).

- Dado el variopinto abanico de resoluciones judiciales, también es posible encontrarse sentencias que niegan la aplicación al trabajo en ambulancias de la regulación del transporte por carretera y, contradictoriamente, sin tener en cuenta la normativa comunitaria ni la doctrina TJUE mantiene la existencia como género del tiempo de presencia, considerando la actividad como transporte en general[10].

8.1.2. El giro del Tribunal Supremo

No obstante, el TS se vio obligado, poco más tarde, a seguir la doctrina del TJUE[11] y cambiar de criterio, reconociendo que las excepciones al ámbito de la aplicación de la Directiva Marco 89/391, de la que la Directiva 2003/88 es desarrollo, deben interpretarse restrictivamente, reconociendo, en consecuencia que, a diferencia de la Directiva 93/104/CE, la Directiva 2003/88/CE solo prevé la exceptuación de algunos colectivos concretos del transporte urbano de pasajeros, pero no el de ambulancias. Por ello, admite que el tiempo o periodo de guardia en el lugar o centro de trabajo denominado servicio de emergencias es tiempo de trabajo puesto que la persona trabajadora se halla fuera de su ámbito familiar y social y no goza de la libertad precisa para organizar o administrar su tiempo (STS, Sala de lo Social, núm. 159/2022, de 17 de febrero[12]), finalizando aparentemente la disputa sobre esta cuestión.

La nueva doctrina fue seguida por los Tribunales Superiores de Justicia con cita de la doctrina judicial comunitaria, reconociendo expresamente el giro del Tribunal Supremo, procediendo a modificar igualmente su posición, (STSJ de Castilla-La Mancha, Sala de lo Social, núm. 472/2023, de 27 de marzo[13]). Sin em-

---

[10] En este sentido, la STSJ de Cataluña, Sala de lo Social, núm. 323/2015, de 20 de enero, que después de reseñar: ello, «A tal efecto, conviene precisar que no resulta de aplicación el artículo 10.3 y 4 del Real Decreto 1561/1995, de 21 de septiembre , que regula las Jornadas Especiales de Trabajo invocado por los recurrentes como infringido, pues lo allí dispuesto, según resulta del rótulo del mismo, es de aplicación al tiempo de trabajo en los transportes de carretera lo que no es el caso y sí, por el contrario, resulta aplicable el artículo 8.1 de la mencionada norma legal...»

[11] Directamente de la STJUE de la Gran Sala de 5 de octubre del 2004, asuntos acumulados C-397/01 a C-403/01), asunto PFEIFFER y otros.

[12] Con cita expresa de SSTJUE, asunto PFEIFFER y otros, asuntos SIMAP, KESZENLETI, NEIDEL, etc.

[13] «A lo que se une como cuestión adicional el hecho de la nueva doctrina mantenida por el Tribunal Supremo en su sentencia de fecha 17 de febrero de 2022 (Rec. 123/2020), en la que se modifica la doctrina jurisprudencial que había asentado con anterioridad en relación con la aplicación de la Directiva 2003/88/CE y el Real Decreto 1561/1995 sobre jornadas especiales de trabajo, concluyendo en el sentido de que el servicio de transporte de ambulancias se somete a la regulación ordinaria de la jornada de trabajo, que conduce a la Directiva 2003/88/CE

bargo, la conflictividad en esta materia pervivió durante un periodo de tiempo excesivo como puede comprobarse en las siguientes resoluciones judiciales que reiteran la nueva fundamentación anteriormente enunciada:

o El carácter público del servicio destacado en el convenio colectivo no impide la consideración como tiempo de trabajo efectivo y, en consecuencia, su cómputo a efectos del cálculo de las horas extraordinarias y el máximo de jornada anual. No se incluye en el ámbito del transporte por carretera el servicio de asistencia médica urgente, recordando de nuevo el carácter restrictivo de las excepciones tal como señala de la doctrina comunitaria, apartándose del criterio anterior esbozado por la STS, Sala de lo Social de 21 de abril del 2016. Se reconoce en definitiva como tiempo de trabajo las guardias que se prestan en el servicio de emergencia con presencia física en la base o centro de trabajo en régimen de 24 horas (STS, Sala de lo Social, núm. 763/2022, de 26 de septiembre[14]).

o Las guardias presenciales efectuadas en el centro de trabajo deben considerarse claramente como tiempo de trabajo efectivo en el transporte sanitario, aplicándose los criterios jurídicos técnicos de la Directiva 2000/34/CE y no los de la regulación reglamentaria española, es decir el RD 1561/1995, modificando con ello la doctrina STS 21 de abril de 2016, rec. núm. 90/2015. Y, en consecuencia, los empleados dedicados al manejo de ambulancias en guardia durante las 24 horas de días en el centro de trabajo con descanso alternativo de 72 horas tendrán la consi-

---

y al Estatuto de los Trabajadores, excluyendo la aplicación del Decreto 1561/1995, sobre jornadas especiales de trabajo. Manteniendo en relación con los servicios en turnos de 24 horas de permanencia —lo que se extiende a la disponibilidad controlada permanente con independencia del lugar en que se encuentre el trabajador cuando tiene exigencia de respuesta inmediata— y 72 horas de descanso, que las 24 horas de servicio son horas de servicio efectivo y se computan en su plenitud a efectos de jornada.» Con anterioridad, STSJ de Castilla-La Mancha, Albacete, Sala de lo Social, núm. 1761/2022, de 11 de noviembre: «Con todo lo expuesto, el Tribunal Supremo concluye que el artículo 2.1) de la Directiva 2003/88/CE define el tiempo de trabajo mencionando tres elementos: permanencia en el lugar de trabajo, disponibilidad frente al poder de dirección del empleador y ejercicio de las funciones laborales, lo que obliga a concluir que el tiempo en que los trabajadores prestan el servicio de emergencias con presencia en la base o centro de trabajo en régimen de24 horas/día tiene la condición de tiempo de trabajo a efectos de la duración máxima de la jornada de trabajo, puesto que concurren las notas definitorias del tiempo de trabajo. En consecuencia, debe confirmarse que el estado actual de la cuestión impone la conclusión de que el servicio de transporte de ambulancias se somete a la regulación ordinaria de la jornada de trabajo que lleva a la Directiva2003/88/CE y al Estatuto de los Trabajadores y excluye la sumisión al Decreto 1561/1995, sobre jornadas especiales de trabajo. Igualmente, la interpretación que da el Tribunal Supremo a los supuestos de servicio en turnos de 24 horas de permanencia —lo que se extiende a la disponibilidad controlada permanente con independencia del lugar en que se encuentre el trabajador cuando tiene exigencia de respuesta inmediata— y 72 horas de descanso es que las 24 horas de servicio son horas de servicio efectivo y se computan en su plenitud efectos de jornada».

[14] Citando con detalle la STJUE de la Gran Sala de 5 de octubre del 2004, asuntos acumulados C-397/01 a C-403/01), asunto PFEIFFER y otros.

deración de horas extraordinarias respecto de las horas que sobrepasen la jornada anual, incluyendo a los efectos del cómputo las horas de guardia como verdadero tiempo de trabajo efectivo (STS, Sala de lo Social, núm. 929/2022, de 22 de noviembre[15]).

o Se anula la STSJ, Sala de lo Social de Aragón, de 30 de abril de 2021, autos núm. 240/2020, por la STS, Sala de Social, núm. 221/2023, de 7 de junio, replicando directamente sus tres Sentencias inmediatamente anteriores, ya recogidas, cuyos argumentos expresamente recoge para concluir que: «La rectificación de la doctrina contenida en aquella anterior STS de 21 de abril de 2016, supone la expulsión de esa actividad del citado RD 1561/1995, sobre jornadas especiales de trabajo, lo que impide aplicar esa regulación en el presente asunto a la hora de distinguir entre el tiempo de presencia y trabajo efectivo y las consecuencias legales que de ello se derivan.» a efectos del cómputo de la jornada ordinaria anual y el devengo de horas extraordinarias.»

o Se considera nulo el precepto del convenio colectivo para empresas y trabajadores de enfermos y accidentados en ambulancia «en todas aquellas referencias que se hagan al RD 1561/1995 y a las horas de presencia», exigiendo la adaptación de su redacción a la regulación del ET y a la Directiva 2003/88 (STSJ de Cataluña, Sala de lo Social, núm. 26/2023, de 25 de julio).

No obstante, es posible, dado el variopinto escenario judicial español encontrar resoluciones que se empeñan en mantener una jurisprudencia periclitada. Así la STSJ de Islas de Baleares, Sala de lo Social, núm. 407/2023, de 11 de julio, que al dilucidar la existencia de accidente de trabajo en el incidente sufrido por un conductor de ambulancias recupera el ya eliminado tiempo de presencia aunque sea para descartar su concurrencia: «Tampoco nos encontramos ante tiempo de presencia, que en el artículo 8.1 RD 1561/1995, de 21 de septiembre, sobre jornadas especiales de trabajo, se define como aquel durante el cual el trabajador se encuentra a disposición del empresario sin prestar trabajo efectivo por razones, entre otras, de comida en ruta. El trabajador no se encontraba en ruta, sino en situación de descanso dentro de su jornada partida, pudiendo disfrutar de ese tiempo libremente como lo hizo al dirigirse a una finca de su propiedad para almorzar.»

---

[15] Citando SSTJUE, entre ellas caso SIMAP, DELLAS y JAEGER.

8.2. Tiempo de presencia como tiempo de trabajo. Otros sectores: mantenimiento, sanidad, comercio...

La conflictividad en esta materia se extiende a actividades muy variadas, por lo que la casuística es muy rica e interesante.

- En el sector del mantenimiento industrial y asistencia técnica,

  o En relación a los trabajadores móviles, el tiempo del desplazamiento de la persona trabajadora hasta el domicilio del cliente para efectuar la reparación o mantenimiento del ascensor u otro equipo, aun cuando el desplazamiento se efectúe en cortas distancias o en el mismo municipio o se realice desde el domicilio de la persona trabajadora puesto que el operario acude provisto de todo el material necesario para efectuar el encargo, se factura el mismo, y tal tiempo se considera tiempo de trabajo efectivo por la empresa en los supuestos de más largo trayecto que abarcan todo la provincia y no solo un municipio (SSTS, Sala de lo Social, núm. 605/2020, de 7 de julio[16]). En sentido similar, en el ámbito de la asistencia técnica la STSJ de Cataluña, Sala de lo Social, núm. 4393/2021, de 14 de septiembre, pese a que en los contratos de algunas personas trabajadoras figurase expresamente que su jornada laboral comenzaría cuando se encontraran en su puesto de trabajo.

  o En un sentido similar al supuesto anterior, se considera que es tiempo de trabajo efectivo el utilizado en el desplazamiento de la persona trabajadora al primer cliente, acudiendo ya con el vehículo de la empresa dotado de GPS, portátil y móvil empresarial, como también el utilizado en el desplazamiento del último cliente a su domicilio. El operario recibe el día anterior su ruta diaria mediante el móvil empresarial y allí le señalan el primer cliente a visitar, siendo por tanto el desplazamiento inmanente a la puesta en práctica de la actividad profesional, teniendo en cuenta, además, que, con anterioridad a la supresión de las delegaciones como centros de trabajo, donde acudían los técnicos originariamente, la empresa reconocía el tiempo de desplazamiento desde esos centros o delegaciones al domicilio del cliente como tiempo de trabajo efectivo (STS, Sala de lo Social, núm. 617/2021, de 9 de junio[17]). En el mismo sentido, SAN, Sala de lo Social, núm. 54/2023, de 10 de abril, con cita de doctrina judicial comunitaria[18].

---

[16] Fundando su argumentación en la STJUE 2015/2005, C-266/14, de 10 de septiembre de 2015, asunto TYCO y con cita de los asuntos DELLAS, MATZAK, GRIGORI, JAEGER y VOREL.

[17] Con idénticas citas y fundamentos que la anterior.

[18] Asunto TYCO.

o En un supuesto análogo a los anteriores, se afirma la consideración de tiempo de trabajo cuando «los afectados por el conflicto para realizar su actividad se desplazan directamente desde su domicilio al del cliente y a su domicilio regresan desde el del último cliente que atienden en el día. Si así lo hacen es porque estas son las instrucciones dadas por el empresario el cual prefiere por motivos organizativos que él establece, que los trabajadores no acudan previamente al centro de trabajo y desde allí se desplacen al domicilio del cliente.» Utilizando para sus desplazamientos bien el vehículo de la empresa o el propio, pero con instrucciones impartidas vía telemática de forma previa por el empleador (SAN, Sala de lo Social, de 10 de abril del 2023, número de resolución 54/2023)[19].

- **En personal de la red ferroviaria**, en relación con personal ferroviario de restauración y atención a bordo de los trenes, se considera trabajo efectivo las denominadas horas de presencia por averías y el «día de reserva» puesto que el trabajador se «encuentra a disposición del empresario en las dependencias de la empresa o de la red ferroviaria en expectativa de dar cobertura a necesidades de servicio». Resultando de ello la inaplicación del art. 8 del Real Decreto 1561/1995, de 21 de septiembre, sobre jornadas especiales de trabajo en cuanto a la consideración de aquellas como un tercer género: horas de presencia (SAN, Sala de lo Social, núm. 122/2023, de 6 de noviembre[20]).

- **En el sector de la construcción**, el tiempo dedicado por las personas trabajadoras a acudir a la nave antes de dirigirse a la obra por imponerlo la empresa, e implicar la puesta a disposición a esta, dado que, en caso contrario, los operarios hubieran acudido directamente al lugar donde efectuarían la prestación de servicios (STSJ de Galicia, Sala de lo Social, núm. 911/2022, de 23 de febrero[21]).

- **En el sector sanitario:** el tiempo de solape entre turnos sucesivos del personal de enfermería en el que éstos se intercambian información sanitaria acerca del tratamiento establecido a un paciente, la situación y peculiaridades o condiciones de éste (SSTJ, Sala de lo Social, de TSJ Andalucía,

---

[19] Citando casos GRIGORE, RADIOTELEVIZIJASLOVENIJA, OFFENBACH AM MAIN, DOPRAVNÍ PODNIK HL. M. PRAHY, apartado 28.

[20] Con cita de asuntos DELLAS, JAEGER y MATZAK. No obstante, mantiene la vinculación del RD 1561/1995, en materia de cómputo y periodificación de descansos.

[21] Con cita de asuntos SIMAP, DELLAS, JAEGER, TYCO.

Sevilla, núm. 969/2018 de 21 marzo y núm. 3668/2018, de 20 diciembre y Castilla y León, Burgos núm. 589/2018, de 26 septiembre).

- **En el sector del comercio,**

  o El tiempo de desplazamiento que las personas trabajadoras dedican hasta llegar y volver al lugar donde la empresa les encomienda efectuar el inventario, distinto del asignado como centro de trabajo (Bilbao), y que puede ubicarse en otra Comunidad Autónoma o provincia (Asturias, La Rioja, etc.) dado que no pueden disponer con libertad de su tiempo y están a disposición de la empresa (STSJ del País Vasco, Sala de lo Social, núm. 249/2022, de 8 de febrero[22]).

  o Los denominados en la regulación convencional «eventos comerciales especiales fuera de la jornada», aun cuando su carácter sea voluntario y no exista un contenido claro y determinante de la actividad a desarrollar por la persona trabajadora, puesto que ni la intensidad ni el contenido de la actividad determinan la naturaleza de tiempo de trabajo o no de la situación y sí el hecho de estar a disposición del empresario (STS, Sala de lo Social, núm. 229/2019, de 19 de marzo[23]).

- En la actividad de <u>socorrismo,</u> es tiempo de trabajo la media hora de descanso si el socorrista no puede turnarse con otro compañero, relegando en éste la vigilancia y asistencia a los bañistas, y es tiempo de descanso en caso contrario (STS, Sala de lo Social, núm. 495/2018, de 10 de mayo).

- El tiempo de guardia en domicilio del trabajador fijo discontinuo en el <u>servicio de emergencias de prevención y extinción de incendios</u> que debe incorporarse una vez requerido al puesto de trabajo con carácter «inmediato» dado el carácter de servicio público de emergencias, restringiéndose de este modo la libertad y capacidad de la persona trabajadora de administrar el tiempo propio (STSJ de Castilla y León, Sala de lo Social, de 23 de enero del 2020, recurso núm. 1698/2020[24]).

8.3. Tiempo de presencia como tiempo de descanso. Sentencias que niegan la existencia de tiempo de trabajo

<u>En el ámbito de la relación con la Administración, servicios de emergencias y de protección civil</u> es tiempo de descanso y no tiempo de trabajo:

---

[22] Con cita asunto TYCO.
[23] Con cita expresa de la Directiva 2003/88/CE y de los asuntos DELLAS, SIMAP y JAEGER.
[24] Con cita de asuntos MATZAK, DELLAS, GRIGORE, SIMAP, JAEGER, VOREL y TYCO.

o   Cuando el denominado <u>Jefe de Parque, actuando como Jefe de Guardia,</u> debe estar localizable de forma inmediata, pero sin que establezcan exigencias de presencia en un lugar específico como tampoco de acudir en un plazo determinado por lo que no pueden considerarse las horas de guardia así realizadas como tiempo de trabajo y ser retribuidas como horas extraordinarias (STSJ Castilla-La Mancha, Sala de lo Social, núm. 309/2019, de 28 febrero).

o   El tiempo de «retén» o de guardia de emergencia de los trabajadores de la empresa contratada por el Gobierno de la Rioja para solventar la <u>averías graves en los edificios de la Administración</u> cuando se dispone en durante esas «guardias de disponibilidad» de un tiempo 2 horas cuando las incidencias se producen en Logroño y de 4 cuando ocurren en Haro y Calahorra, porque «la duración de los citados intervalos temporales es lo suficientemente extensa como para concluir que la disponibilidad localizada delas guardias, no implica una notable o importante limitación para la organización de su tiempo de ocio, que es lo que se exige para su conceptuación como tiempo de trabajo.» (STSJ de La Rioja, Sala de lo Social, núm. 239/2022, de 19 de diciembre[25]).

o   No se considera que el tiempo de disponibilidad es tiempo de trabajo efectivo cuando la <u>guardia del bombero forestal</u> se efectúa en su domicilio o en lugar fuera de su lugar de trabajo y la persona trabajadora puede atender a sus asuntos personales, sociales o familiares con libertad, sin que se considere que restringe tal libertad el establecimiento de un plazo de media hora para acudir al servicio en caso de llamamiento al tratarse de trabajadores que efectúan su actividad en el ámbito rural, en zonas cercanas al lugar de trabajo, donde se lleva a cabo su vida privada, considerándose además que no existen a la hora del desplazamiento los problemas propias de un gran urbe (STS, Sala de lo Social, núm. 1076/2020, de 2 de diciembre[26]).

o   El periodo de guardia no presencial del <u>bombero rescatador</u> que debe acudir ante el aviso en un plazo de veinte minutos al centro de trabajo con el equipamiento debido, no se considera tiempo de trabajo puesto que el plazo indicado no es suficientemente breve para limitar la capa-

---

[25] Con cita expresa de la STJUE 11/11/21, Asunto C-214/20; 9/09/21, Asunto C-107/19.

[26] Con cita expresa de la jurisprudencia y normativa comunitaria, especialmente los casos JAEGER, MATZAK y otros (ATSJUE de 11 de enero de 2007, Asunto C-437/05, STJUE de 3 de octubre de 2000, Asunto C-303/98, recordada en el ATJUE de 3 de julio de 2001, Asunto C-241/99), aunque en ellas no se desarrolle actividad profesional y al margen de la intensidad o rendimiento que se tenga (SSTJUE de 9 de septiembre de 2003, Asunto C-151/02 y 1 de diciembre de 2005, Asunto C-14/04 , y ATJUE de 11 de enero de 2007, Asunto C-437/05), a diferencia de las guardias localizadas.

cidad de la persona trabajadora de disponer y organizar su tiempo (SSTSJ, de Asturias, Sala de lo Social, núm. 1079/2022 y 1113/2022, ambas de 31 de mayo[27]).

o En el ámbito de la ayuda a domicilio, no es tiempo de trabajo el que discurre entre la ida del domicilio al primer usuario y entre el domicilio del último usuario y aquel (SSTSJ, Salas de lo Social, de Andalucía, Granada, núm. 562/2017, de 2 de marzo, Castilla y León, Valladolid, de 24 mayo 2017[28] y de Galicia núm. 2746/2017, de 23 de mayo del 2017; Castilla-La Mancha, núm. 735/2022, de 21 de abril[29]). En el mismo sentido, también el Tribunal Supremo, al entender que no se ha acreditado una situación uniforme que afecte a las personas trabajadoras en cuanto a cuestiones como la propia realidad de ese desplazamiento, distancia, el uso del vehículo, etc. (STS, Sala de lo Social, núm. 1008/2018, de 4 de diciembre[30]).

• El tiempo en guardia no presencial que el maquinista de motor de riego permanece a disposición de la empresa para desarrollar sus funciones puesto que en este supuesto podía organizar su actividad familiar y personal de forma adecuada (STSJ de Comunidad Valenciana, Sala de lo Social, núm. 1456/2022, 3 de mayo[31]).

• En el sector portuario el tiempo de permiso retribuido no es tiempo de trabajo efectivo en cuanto tiempo libre no se incluye en el cálculo de la jornada máxima anual (STSJ Galicia, Sala de lo Social, núm. 5195/2017, de 30 de octubre) puesto que se trata de tiempo que la persona trabajadora tiene a su completa disposición para su uso como considere oportuno con independencia de que se compensen con pluses u otras formas de remuneración[32].

• En el ámbito del comercio, las guardias telefónicas que de los supervisores requieren presencia física en el lugar de trabajo los días festivos y domingos en los que se abre el centro de trabajo al público en las que la persona tra-

---

[27] Con cita expresa de la jurisprudencia y normativa comunitaria, especialmente el caso MATZAK, DELLAS, VOREL, JAEGER y otros.

[28] Con cita expresa de la normativa y jurisprudencia comunitaria, especialmente la STJUE de 10 de septiembre del 12015, C-266/14, asunto TYCO, reseñando los elementos diferenciadores con el caso objeto del litigio —existencia de control telefónico, mayor variabilidad, establecimiento de horario con ruta de trabajo, etc.—.

[29] Con cita del asunto TYCO.

[30] Citando de forma expresa como doctrina no vulnerada la del asunto TYCO.

[31] Con cita asuntos SIMAP y JAEGER.

[32] Se cita en esta resolución de forma expresa una gran variedad de asuntos del TJUE —JAEGER, SIMAP, DELLAS, etc.—. Advirtiendo de forma anómala y extraña al supuesto que el tiempo de guardia que no exige presencia física de la persona trabajadora no puede considerarse como tiempo de trabajo aun cuando sea remunerado.

bajadora no puede apagar el teléfono y debe acudir ante la llamada de la empresa motivada por ser necesario en el centro por una incidencia —baja o ausencia de personal suficiente en la tienda, robo o atraco, etc.— sin que exista un plazo mínimo para responder al aviso empresarial, no son tiempo de trabajo efectivo puesto que la persona trabajadora dispone de libertad suficiente para administrar sus intereses familiares, personales y sociales, siendo aquel solo los periodos de prestación de servicios a resultas del aviso (STS, Sala de lo Social, núm. 283/2023, de 18 de abril[33]).

- El tiempo dedicado por el empleado de la <u>agencia de viajes</u> a acompañar a sus clientes cuando se demuestra que, salvo momentos concretos, se dedicaba a sus asuntos personales como la grabación de videos y actividades turístico y otras actividades profesionales no vinculadas a la empresa (STSJ de Galicia, Sala de lo Social, núm. 412/2022, de 28 de enero[34]).

- No se considera como tiempo de trabajo el del <u>interventor de RENFE</u> en el tiempo de espera en la sala de descanso sin que quede acreditado que tenía limitada su libertad de actuar ni de permanecer con el uniforme y en la sala, teniendo a su disposición taquillas para poder cambiarse (SAN, Sala de lo Social, núm. 152/2022, de 22 de noviembre[35]).

- <u>En el ámbito del mantenimiento de la estructura eléctrica</u> cuando se dispone de cuarenta minutos —diez para atender el aviso y treinta para allegarse el lugar de trabajo— puesto que la no presencialidad unida a ese amplio plazo de incorporación concede a la persona trabajadora una libertad de gestión de su propio tiempo (STSJ de Navarra, Sala de lo Social, núm. 32/2021, de 4 de febrero).

- No se aplica la Directiva 2000/79/CE al no ser personal de vuelo, por lo que la nomenclatura utilizada por resoluciones judiciales es equívoca, es tiempo de presencia y debía reseñar de descanso el de las guardias *on call* «no presenciales por períodos de 18 horas, durante las cuales los <u>técnicos de mantenimiento de aeronaves</u> se mantienen a disposición de la empresa con un margen de reacción que, con carácter general, es de un máximo de

---

[33] Con cita de la doctrina más reciente del TJUE acerca de la consideración de los periodos de guardia como tiempo de trabajo: SSTJUE 9 de marzo de 2021, C-344/19, asunto STADT OFFENBACH AM MAY; 9 9 de marzo de 2021, C-580/19); 19 de septiembre de 2021(C-107/19); e 11 noviembre 2021 (C-214/20) 7 de julio de 2022 (C-377/21) y el asunto MATZAK-.

[34] Con cita asuntos DELLAS, JAEGER, MATZAK y SIMAP.

[35] Con cita asuntos DELLAS, JAEGER, MATZAK, GRIGORE, y VOREL, entre otros.

50 minutos.» La argumentación utilizada por la resolución judicial es como mínimo cuestionable en tanto señala que la guardia determina de por sí limitación en la libertad del trabajador y, por tanto, tal condición no debe tenerse en cuenta a efectos de la consideración de la existencia de tiempo de presencia (SAN, Sala de lo Social, núm. 74/2015, de 27 de abril). En realidad, estamos ante tiempo de descanso, dado que a esta actividad es necesario aplicarle la caracterización binaria ya aludida. De igual modo, debemos contemplar la resolución que declara que es tiempo de presencia y no tiempo de trabajo, siendo extrañada del cómputo de la jornada laboral, la disponibilidad derivada de la guardia *on call* de los técnicos de mantenimiento aeronáutico dado que no se requiere la presencia del trabajador en un lugar concreto y sólo se exige al trabajador un periodo razonable de respuesta, teniendo por lo demás libertad de movimientos (STS, Sala de lo Social, 970/2016, de 18 de noviembre).

8.4. Jurisprudencia sobre tiempo de guardia en el ámbito de la Administración y de la jurisdicción contencioso-administrativa

En el ámbito del orden contencioso-administrativo, la lectura que de la jurisprudencia del TJUE se efectúa por el Tribunal Supremo, se ajusta en general a los parámetros de la Sala de Social del mismo Tribunal.

No obstante, como ya hemos advertido, si bien se sigue y cita de forma análoga la doctrina TJUE, se afirma de forma similar al orden social que, en general, que «las guardias no presenciales o guardias localizadas no suponen tiempo de trabajo»[36]. Considerando, eso sí como una excepción, la existencia de tiempo de trabajo si la guardia localizada es sometida a una serie de limitaciones o restricciones adicionales que restringen la libertad de movimientos y la posibilidad de dedicación a los propios intereses personales. Entonces, «estaríamos en ese caso y si dichas limitaciones adicionales revistieran la intensidad necesaria podrían llegar a variar la calificación de ese tiempo de la guardia localizada, que podría pasar a ser tiempo de trabajo». Se resalta como elemento clave el juego de las «limitaciones adicionales» y no se menciona como ya hemos visto, la ponderación global de las circunstancias ni el principio *pro operario*.

---

[36] Con cita asunto MATZAK principalmente y también asuntos RADIOTELEVIZIJA SLOVENIJA y MG Y DUBLIN CITY COUNCIL.

De esta forma se considera:

- Al no concurrir las limitaciones aludidas en el supuesto de la guardia del fiscal[37] el mismo no puede ser considerado como de trabajo (SSTS, Sala de lo Contencioso-Administrativo, núm. 295/2023, de 8 de marzo; 394/2022, de 29 de marzo STS; núm. 1315/2022, de 17 de octubre).

- En prisiones, el supuesto en el que conforme a las Instrucciones de la Administración el tiempo en el que el funcionario sanitario de prisiones se encuentra en situación «de permanente disponibilidad, siendo preceptiva su presencia inmediata cuando sea requerido desde el Establecimiento» no es tiempo de trabajo puesto que el empleado conserva su capacidad de administrar su tiempo libre y dedicarse a sus intereses personales (Auto del Tribunal Supremo, Sala de lo Contencioso-Administrativo, de 9 de marzo del 2023, núm. de recurso 8898/2021[38], STS, Sala de lo Contencioso-administrativo, núm. 1042/2022, de 20 de julio[39]).

o En el ámbito sanitario, no es tiempo de trabajo el del facultativo personal estatutario temporal especialista en anestesiología y reanima que realiza guardias médicas no de presencia física y localizadas en zona no precisa, ni siquiera en la localidad del centro de trabajo, y tiene un periodo de tiempo inferior a 45 minutos para acudir al centro médico (STSJ de Galicia, Sala de lo Contencioso Administrativo, núm. 89/2023, de 8 de febrero)[40].

---

[37] «(…) no se han puesto de manifiesto, ni justificado, ni probado, que se hayan establecido en este caso limitaciones adicionales más allá de la localización propia de este tipo de guardias. No se han evidenciado ni limitaciones de orden geográfico, ni tampoco de naturaleza temporal, ni relativas a la frecuencia con que se producen las intervenciones, de modo que no podemos concluir que en este caso concurran restricciones intensas que limiten de modo significativo la capacidad de administrar con cierta libertad su tiempo y dedicarle mismo a asuntos personales. (…)», SSTS, Sala de lo Contencioso-Administrativo, núm. 295/2023, de 8 de marzo; 394/2022, de 29 de marzo STS; núm. 1315/2022, de 17 de octubre.

[38] En este caso, citando el caso JAEGER.

[39] «(…) la resolución aquí discutida y a propósito de las que denomina "guardias localizadas", que no dejan de ser una manifestación de guardias no presenciales, se dice que "el personal funcionario facultativo y de enfermería se encuentra en situación de permanente disponibilidad, siendo preceptiva su presencia inmediata cuando sea requerido desde el Establecimiento". Es claro que esa exigencia de "presencia inmediata" limita seriamente la movilidad y la libertad de actuación del funcionario cuando no está de servicio. Por ello, no puede reputarse tiempo de descanso, sino que es "tiempo de trabajo" a efectos del art. 2 de la Directiva 2003/88/CE.» Con aplicación expresa de la normativa comunitaria, art. 2 Directiva 2003/88 pero sin cita de doctrina del TJUE.

[40] Cita asunto MATZAK.

8.5. La visión judicial española de las excepciones, la aplicación sectorial de la vigencia de las horas de presencia: principalmente transporte por carretera y aéreo

8.5.1. Consideraciones generales

La regulación específica comunitaria en ciertos sectores ampara la pervivencia de la trinidad conceptual tiempo de trabajo, tiempo de descanso y tiempo de presencia, frente a la concepción binaria general. En nuestro derecho, el apartado 2 del artículo 10 del RD 1561/1995 concreta el ámbito subjetivo de aplicación de las prescripciones del art 8 donde se contiene la definición de tiempo de presencia y del tiempo de trabajo, el resto a sensu contrario será tiempo de descanso.

Ya hemos hecho referencia y citado el art. 8 RD 1561/1995. Su virtualidad actual, junto con la de los preceptos que se cohonestan con el mismo, debe verse confinada a los sectores y actividades específicos expresamente excepcionados por la normativa comunitaria. Como hemos podido advertir otra interpretación vulneraría el derecho comunitario.

De este modo, en el transporte por carretera, uno de los sectores con cobertura específica comunitaria para la admisión del tiempo de presencia como categoría diferenciada, la Directiva 2002/15/CE del Parlamento Europeo y del Consejo, de 11 de marzo de 2002, relativa a la ordenación del tiempo de trabajo de las personas que realizan actividades móviles de transporte por carretera, se reseñan que las reglas diferenciales entre tiempo de trabajo efectivo y de presencia serán de aplicación al «trabajador móvil»: «cualquier trabajador que forme parte del personal que se desplace, incluidos las personas en prácticas y los aprendices, que estén al servicio de una empresa que efectúe, por cuenta ajena o propia, servicios de transporte de viajeros o de mercancías por carretera.» —art. 3 d)—. Junto a éste se detallan, como ya advertimos en el apartado específico, conceptos de gran importancia en este ámbito.

La relación de nuestros tribunales con la normativa europea es singular y desde luego como en el ámbito general no aparece referencia alguna a la concepción de la normativa sobre tiempo de trabajo como integrado en el orden jurídico de la seguridad y salud en el trabajo, como señaló expresamente también en sector el TJUE[41].

---

[41] Es de señalar al respecto, por una parte, que el artículo 1 de la Directiva 2002/15 indica que su objeto es establecer prescripciones mínimas relativas a la ordenación del tiempo de trabajo para mejorar la protección de la seguridad y la salud de las personas que realicen actividades móviles de transporte por carretera, así como mejorar la seguridad vial y aproximar en mayor grado las condiciones de competencia.» STJUE de 2 de marzo del 2017, asunto C-97/16, asunto JOSÉ MARÍA PÉREZ RETAMERO.

En algún caso, de forma simplista y criticable dado que estamos ante el derecho del trabajador a la seguridad y salud en el trabajo se considera aplicable directamente la regulación española, el art. 8 del RD 1561/1995, sin mención ni referencia a las excepciones admitidas en el derecho comunitario ni la jurisprudencia generada en torno a la misma. En este sentido, la STSJ de Cataluña, Sala de lo Social, núm. 6818/2022, de 19 de diciembre, respecto a conductores empleados por un ETT en el transporte de mercancías[42].

En otro caso, por el contrario, se analiza y aplica con precisión la normativa comunitaria al considerar que atenta contra la misma la instrucción de la empresa que requiere al trabajador, conductor de una empresa de transporte de mercancías que proceda al uso de «al uso que se le indica del selector de actividad en los registros tacográficos, de tal modo que los tiempos de espera de los conductores, incluyéndose los tiempos de espera en las operaciones de carga o descarga, los registre con la actividad de disponibilidad.», contraviniendo tanto el art. 4 del Reglamento CE 561/2006 del Parlamento europeo y del Consejo de 15 de marzo de 2006 como el art. 3 a) 1 de la Directiva 2002/15/CE, que expresamente considera estos últimos como tiempo de trabajo efectivo y no de presencia (STSJ de Asturias, Sala de lo Social, núm. 1932/2020, de 10 de noviembre).

Gran parte de las resoluciones judiciales son producto de la reclamación en el sector del transporte por carretera, pero también en el ferroviario y en el aéreo, ya sea de mercancías o viajeros, de los excesos de jornada, horas extraordinarias, para lo que es esencial la diferenciación entre tiempo de trabajo efectivo y tiempo de presencia que, en ocasiones, se hace difícil[43] y gira sobre la interpretación de

---

[42] «(…) un tipo de trabajo que, como aquellos otros que se prestan interrumpidamente, en destacamento desplazamiento, sólo puede cuantificarse cuando se acredita en detalle la tarea ocupacional, así se establece en el artículo 8 del Real Decreto 1561/1.995, de 21 de septiembre, sobre regulación de la jornada de trabajo, jornadas especiales y descansos, para el cómputo de la jornada en los diferentes sectores del transporte, distinguiéndose entre el tiempo de trabajo efectivo y el tiempo de presencia, señalando que serán de aplicación al tiempo de trabajo efectivo la duración máxima de la jornada ordinaria de trabajo prevista en el artículo34 del ET y los límites establecidos para las horas extraordinarias en su artículo 35, mientras que las horas de presencia no se computarán a tales efectos, entendiendo por tales aquellas en las que el trabajador se encuentre a disposición del empresario sin prestar trabajo efectivo, por razones de espera, expectativas, servicios de guardia, viajes sin servicio, averías, comidas en ruta u otros similares…».

[43] «(…) en materia de transporte «debe significarse que existe una consolidada doctrina elaborada por distintos Tribunales Superiores de Justicia, que en supuestos idénticos al presente, de trabajador que tiene como actividad la de conductor, distingue entre trabajo efectivo y tiempo de presencia o disponibilidad; afirmándose la dificultad de valorar la tarea ocupacional efectiva, sujeta a interrupciones, que impide reconocer como hora extraordinaria el exceso de jornada, puesto que se trata de un tipo de trabajo que, como aquellos otros que se prestan interrumpidamente, en destacamento o desplazamiento, sólo puede cuantificarse cuando se acredita en detalle la tarea ocupacional, así se establece en el artículo 8 del Real Decreto 1561/1.995, de 21 de septiembre, sobre regulación de la jornada de trabajo, jornadas especiales y descansos, para el cómputo de la jornada en los diferentes sectores del transporte, distinguiéndose entre el tiempo de trabajo efectivo y el tiempo de presencia, señalando que serán de aplicación al tiempo de trabajo efectivo la duración máxima de la jornada ordinaria de trabajo prevista en el

los arts. 8, 10 —transporte por carretera— y 14 —transporte y actividad aérea— RD 1561/1995. Pero en tales conflictos tiene gran importancia la dicción del Convenio Colectivo dada la remisión expresa que efectúa la legislación española a su identificación. No obstante, esta remisión debe ser observada con detalle. Será admisible cuando la conceptuación como tiempo de presencia del Convenio Colectivo no reduzca los derechos de los trabajadores, y, por tanto, no impute periodos de tiempo de trabajo efectivo a aquel, o no atribuya periodos propios del tiempo de presencia en la regulación comunitaria al tiempo de descanso.

Surgen alrededor de estos conflictos cuestiones de interés muy singulares, como la de la validez de tacógrafo para la prueba de la realización de la hora extraordinaria, considerándose que solo el dictamen pericial de aquel convalida la existencia del tiempo de trabajo efectivo, recayendo la carga de la prueba de la hora extraordinaria, sobre el trabajador[44].

---

artículo 34 del ET y los límites establecidos para las horas extraordinarias en su artículo 35, mientras que las horas de presencia no se computarán a tales efectos, entendiendo por tales aquellas en las que el trabajador se encuentre a disposición del empresario sin prestar trabajo efectivo, por razones de espera, expectativas, servicios de guardia, viajes sin servicio, averías, comidas en ruta u otros similares» (STSJG 01/07/10 R. 5623/06). Por lo tanto, sería una carga del actor —conforme al artículo 217 LEC— demostrar los diferentes tiempos efectivos de trabajo, tiempos de espera, carga y descarga, etc.; elementos que no se han hecho constar en el relato histórico e impide que ahora se haga valer; sin que a estos efectos baste afirmar que todo el tiempo lo era de trabajo, pues —aparte de constituir una afirmación apodíctica— contradice el artículo 8 RD 1561/95 y la distinción entre tiempos que efectúa…» (STSJ de Galicia, Sala de lo Social, núm. 934/2022, de 24 de febrero).

[44] «Es indudable que los listados de tacógrafos por sí mismo no son suficientes y se debe practicar una pericial que interprete adecuadamente los datos extraídos del tacógrafo, que permita concluir qué horas son imputables a jornada efectiva, y cuáles no, y lo que es más importante, si los datos se ajustan a la realidad o no, pues cualquier tipo de manipulación, puede poner en entredicho los mismos.» Por lo que se hace necesario un dictamen pericial al respecto que diferencie las horas de conducción como trabajo efectivo y las de presencia (STSJ de Galicia, Sala de lo Social, núm. de recurso 4133/2020, de 8 de junio del 2021).

«Es más y respecto de los tacógrafos, que se asumen por la Magistrada de instancia como tiempos todos de trabajo, sin distingo alguno, no pueden servir sin una pericial de amparo a la fijación de horas extras, pues el hecho de que no hayan sido impugnado no comporta que se acepten las conclusiones extraídas de sus datos (en cuanto a distribución de tiempos). Porque los discos de tacógrafo, por sí solos, por su naturaleza técnica, únicamente constituyen un elemento o medio mecánico de fijación y reproducción para cuya lectura y determinación de su contenido son necesarios y precisos determinados conocimientos científicos o prácticos lo que, salvo su aportación acompañado de correspondiente dictamen pericial, resulta por su imposibilidad de valoración inaceptable como medio probatorio» (STSJ Andalucía/Sevilla 18/10/18 R. 3321/17; y Castilla y León/Burgos 21/07/20 R. 226/2020). Y la STSJG 16/07/20 R. 989/20 afirma: «Y en cuanto a los discos tacógrafos por sí mismos no acreditan más que el tiempo en que el vehículo está en movimiento, velocidad, siendo necesario, además, una interpretación de su contenido a través de prueba pericial. De ahí que debieran acreditar, fuera del tiempo de conducción, cuál era el dedicado diariamente a esperas o tiempo de presencia, sin conducción, puesto que los tacógrafos son aparatos de control, cuya principal razón de ser radica en registrar los bloques de tiempo contemplados en el Reglamento CEE 3820/1985, de 20 de diciembre, debiendo registrar diferenciadamente los tiempos de conducción y las interrupciones de éstos, art. 15-3 del Reglamento CEE 3821/1985 de 20 de diciembre, y por su naturaleza técnica únicamente constituyen un elemento o medio mecánico de fijación y reproducción para cuya lectura y determinación de su contenido son necesarios y precisos determinados conocimientos científicos o prácticos lo que, salvo su aportación acompañado de correspondiente dictamen pericial, resulta por su imposibilidad de valoración inaceptable como medio probatorio, lo que les priva de todo valor a efectos demostrativos de la realización de horas extraordinarias que se reclaman. En definitiva, la carga de la prueba en orden

En el sector aéreo, donde la introducción del tiempo de presencia no está respaldada de forma tan explícita como en el sector del transporte por carretera por la Directiva 2000/79/CE del Consejo, de 27 de noviembre de 2000, relativa a la aplicación del Acuerdo europeo sobre la ordenación del tiempo de trabajo del personal de vuelo en la aviación civil. Sin embargo, la diferenciación en la cláusula 8.2 de la Directiva 2000/79 dentro del tiempo máximo de trabajo anual —con un máximo de 2.000 horas— entre los periodos de espera y permanencia y el tiempo de vuelo —con un submáximo este de 900 horas dentro de las 2000 indicadas— conduce a una cierta litigiosidad.

En el ámbito del colectivo de trabajadores móviles del transporte ferroviario, la admisión en la Directiva 2005/47/CE del Consejo, de 18 de julio de 2005, relativa al acuerdo entre la Comunidad de Ferrocarriles Europeos (CER) y la Federación Europea de Trabajadores del Transporte (EFT) sobre determinados aspectos de las condiciones de trabajo de los trabajadores móviles, dentro del tiempo de trabajo, definido de forma idéntica a la Directiva 2003/88, del denominado «tiempo de conducción»[45] conduce a una problemática jurídica litigiosa de algún calado.

La casuística es ingente. Podemos advertirla a través de una selección de resoluciones.

8.5.2. Sentencias que niegan la existencia de tiempo de trabajo, afirmando la concurrencia de tiempo de presencia

<u>No se admite la existencia de tiempo de trabajo, y sí de tiempo de presencia, en el sector de transportes por carretera:</u>

- Rechaza la demanda de horas extraordinarias de un conductor de una compañía de autobuses de línea al no probar que estamos ante tiempo de trabajo efectivo, considerándose como tiempo de presencia, (SSTSJ de Navarra, Sala de lo Social, núm. 32/2023, de 26 de enero, y 54/2023, de 2 de febrero[46]).

---

a acreditar el número de horas extras corresponde al trabajador y nos encontramos ante una actividad, la del transporte de mercancías en el que el exceso de jornada no es siempre igual a horas extras, sino que dentro de la jornada de trabajo se distingue el tiempo de trabajo efectivo y el tiempo de presencia.» (STSJ de Galicia, Sala de lo Social, núm. 934/2022, de 24 de febrero).

[45] «9) "tiempo de conducción": duración de una actividad programada durante la cual el conductor es responsable de la conducción de un vehículo de tracción, con la exclusión del tiempo previsto para la puesta en servicio y para la puesta fuera de servicio del vehículo. Incluye las interrupciones programadas en las que el conductor permanece como responsable de la conducción del vehículo de tracción».

[46] «(...) el demandante prescinde en su reclamación de las previsiones normativas contenidas en el Reglamento (UE) n.º 165/2014 del Parlamento Europeo y del Consejo, de 4 de febrero de 2014, relativo a los tacógrafos en el transporte por carretera (norma por la que se deroga el Reglamento (CEE) n.º 3821/85 del Consejo relativo

- Rechazando la consideración de horas extraordinarias de un conductor mecánico de una empresa de transporte de mercancías de corto radio al considerarlas como horas de disponibilidad, tiempo de presencia, y no tiempo de trabajo efectivo, sin que la presencia en el centro de trabajo del empleado modificara tal consideración (STSJ de Navarra, Sala de lo Social, núm. 13/2022, de 20 de enero).

- Niega la consideración de horas extras al conductor de una grúa dedicada al servicio de averías de coches encuadrado en el convenio de transporte por carretera de la provincia respecto a «los períodos en los que el trabajador demandante, una vez que ha finalizado su jornada laboral diaria ordinaria, y sin permanencia en las instalaciones de la empresa, se encuentra disponible para ser localizado en su teléfono móvil por si es necesario atender algún servicio de asistencia en carretera fuera de dicho horario ordinario.» Con una confusión notable de criterios la STSJ de Murcia, Sala de lo Social, núm. 290/2017, de 15 de marzo, cita expresamente SSTJUE[47] y la STS, respecto a guardias de presencia —como tiempo de trabajo— y guardias de localización o «mixtas» —no tiempo de trabajo— considera aplicable el art. 8 RD 1591/1995, entendiendo que no estamos ante horas de presencia, ni tiempo de trabajo efectivo, al no efectuar la guardia en el local de la empresa, no prestar servicios, y usar «su tiempo con libertad», olvidando que la diferenciación aludida se refiera al binomio tiempo de trabajo/tiempo de descanso.

---

al aparato en el sector de los transportes por carretera y se modifica el Reglamento (CE) n.º 561/2006 del Parlamento Europeo y del Consejo referente a la armonización de determinadas disposiciones en materia social en el sector de los transportes por carretera). Conforme a dicho Reglamento, debe diferenciarse entre "tiempo de conducción", "otro trabajo", "disponibilidad" y "pausa o descanso". Conforme a la expresada normativa en la utilización del tacógrafo, el conductor debe tener la posibilidad de seleccionar manualmente aquella actividad que corresponde a otros trabajos, a disponibilidad o a la pausa/descanso. Para establecer la efectiva realización de horas extraordinarias por parte del actor, tendremos que tener en cuenta, como primer punto de referencia, la jornada establecida en el Convenio Colectivo de aplicación, y como segundo punto referencial, la jornada específicamente trabajada incluyendo los tiempos de conducción y los dedicados a "otros trabajos" (cualquier actividad que no sea conducir, según el artículo 3, letra a), de la Directiva 2002/15/CE, así como todo trabajo para el mismo o para otro empresario del sector del transporte o de otro sector). Pues bien, es un hecho constatado que el demandante en su reclamación no efectúa, debiendo hacerlo, distinción alguna entre el "tiempo de trabajo efectivo" específicamente realizado y el "tiempo de presencia" (conceptos a los que se refiere el artículo 8 del RD 1561/1995, de 21 de septiembre, regulador de las jornadas especiales de trabajo). A este respecto, y conforme a la normativa expuesta, será "tiempo de trabajo efectivo" aquel en el que el trabajador se encuentra a disposición del empresario y en el ejercicio de su actividad, realizando las funciones propias de la conducción del vehículo o medio de transporte u otros trabajos durante el tiempo de circulación de los mismos, o trabajos auxiliares que se efectúen en relación con el vehículo o medio de transporte, sus pasajeros o su carga. Y debe entender por "tiempo de presencia" aquel en el que el trabajador se encuentra a disposición del empresario sin prestar trabajo efectivo, por razones de espera, expectativas, servicios de guardia, viajes sin servicio, averías, comidas en ruta u otras similares». SSTSJ de Navarra, Sala de lo Social, núm. 32/2023, de 26 d enero, y 54/2023, de 2 de febrero.

[47] Casos JAEGER, SIMAP y DELLAS.

- Niega la existencia de horas extras al no haberse probado la realización por el conductor de una empresa encuadrada en el transporte discrecional de viajeros por carretera de una jornada extendida de tiempo de trabajo efectivo que las determinara[48] (STSJ, Islas Canarias, sede Santa Cruz de Tenerife, núm. 158/2023, de 22 de febrero).

- Se rechaza la reclamación de reconocimiento de horas extraordinarias y, por ende, de tiempo de trabajo efectivo, del conductor dedicado al transporte por carretera de chatarra y metal al no acreditar el reclamante las horas realizadas en detalle sin que fuera suficiente la aportación del tacógrafo (STSJ de Galicia, Sala de lo Social, núm. 934/2022, de 24 de febrero).

- Reconoce las horas extraordinarias realizadas probadas a través del volcado e interpretación del tacógrafo mediante dictamen pericial, revocando la sentencia de instancia, sin que la empresa hubiera aportado el registro de tiempo de trabajo exigido por el art. 10 bis RD 156171995. Relevante es la afirmación de la sentencia: «Es indudable que los listados de tacógrafos por sí mismo no son suficientes y se debe practicar una pericial que interprete adecuadamente los datos extraídos del tacógrafo, que permita concluir qué horas son imputables a jornada efectiva, y cuáles no, y lo que es más importante, si los datos se ajustan a la realidad o no, pues cualquier tipo de manipulación, puede poner en entredicho los mismos.» Por lo que se hace necesario un dictamen pericial al respecto que diferencie las horas de conducción como trabajo efectivo y las de presencia (STSJ de Galicia, Sala de lo Social, núm. de recurso 4133/2020, de 8 de junio del 2021). Rechaza, por el contrario, la misma Sala y Tribunal (STSJ de Galicia, Sala de lo Social, núm. 934/2022, de 24 de febrero) la existencia de horas extras, la realización de tiempo de trabajo efectivo, del conductor que sólo aporta el tacógrafo sin el dictamen pericial adjunto.

- El tiempo de descanso que excede de 15 minutos, de 30 a 45 minutos en función de las horas realizadas, de los conductores perceptores de una empresa de autobuses de línea no es tiempo efectivo de trabajo en cuanto que el conductor puede abandonar el vehículo, dejando dentro del mismo la recaudación, y haciendo lo que considere conveniente con su tiempo de descanso y además no se contempla en el convenio colectivo interprovincial

---

[48] «Las horas extraordinarias han de referirse día a día, aunque, cuando la jornada es uniforme y excede de la ordinaria, se presume que el exceso responde a trabajo en horas extras, en cuyo caso basta con acreditar tal circunstancia (sentencias del Tribunal Supremo de 22 de diciembre de 1992 y 22 de julio de 1996). La sentencia considera que no se ha acreditado la realización de las horas extraordinarias reclamadas y no cabe la inversión de la carga de la prueba al no acreditarse que la prolongación de jornada sea un hecho habitual. Efectivamente no consta acreditada la relación de los días trabajados con el comienzo y finalización, las horas realizadas cada día ni tampoco consta el horario de entrada y salida del actor del que pudiera derivarse la realización una jornada uniforme de 13 horas diarias.»

sectorial al no estar expresamente recogido como tal[49] (STSJ de Andalucía, Sala de lo Social, núm. 1292/2017, de 27 de abril.).

- La pausa o descanso de 30 a 45 minutos en la cual el conductor puede utilizar con libertad de su tiempo para obrar como considere —dormir, tomar un café, etc.—, sin estar a disposición de la empresa, puesto que el operario puede negarse ante la llamada de la empresa a efectuar servicio algún, no es tiempo de trabajo efectivo como tampoco tiempo de presencia puesto no existe un tercer genero tal como aclarado la jurisprudencia comunitaria[50] (STSJ de Madrid, Sala de lo Social, núm. 758/2018, de 14 septiembre).

- Conductores del <u>servicio municipal de grúas de retirada de vehículos</u> a los que se aplica el convenio colectivo del ayuntamiento. Se les aplica por el tribunal el art. 8.3 RD 1561/1995, a efectos de no computar las horas de presencia a efectos del límite de la jornada ordinaria o el límite máximo de horas extras, dado que para la «calificación como de hora extraordinaria de las horas de disponibilidad, es necesario que se lleven a cabo como trabajo efectivo, y además, superen el computo de número de horas de jornada ordinaria, en cuyo caso, deberán ser satisfechas como horas extraordinarias» (STSJ de Andalucía, Sala de lo Social, núm. 146/2018, de 25 de enero). La duda que se plantea en este supuesto es la inclusión de este sector en el de transporte por carretera.

- Conductores perceptores de <u>autobús urbano,</u> frente a su reclamación de que se reconozca que su jornada efectiva de trabajo se inicia en la oficina de salidas de cocheras y finaliza en la oficina de caja de cocheras al estar obligados por la empresa a tal desplazamiento previo y final para recoger la hoja de servicio, la hoja de anomalías y la hoja de recaudación y posteriormente la entrega de la recaudación. Frente a ello, el tribunal considera que esta empieza donde se entrega la recaudación que su jornada empieza cuando se encuentra a las manos del vehículo y termina cuando lo deja estacionado. A juicio del tribunal, en una argumentación peculiar fundada en una concepción absolutamente espacial de jornada propia de la normativa

---

[49] Y, por el contrario, sí «Sería tiempo de trabajo efectivo el desplazamiento que realice el conductor perceptor entre el lugar en que termina el servicio de viajeros y el centro de la empresa donde debe entregar la recaudación, transportándola y custodiándola, pero no este tiempo de descanso durante el cual los trabajadores como se ha dicho no tienen obligación alguna de vigilancia y custodia de vehículo y de la recaudación, pudiendo abandonar el autobús y dejar dentro la recaudación, al igual que durante el periodo de descanso para el bocadillo, que tiene en cambio la consideración de tiempo de trabajo efectivo por estar así pactado expresamente, como es habitual, en el convenio colectivo de aplicación, pacto que no puede ser interpretado extensivamente abarcando períodos no incluidos en el mismo de acuerdo con lo dispuesto en el artículo 34.4 ET antes citado, que establece que el periodo de descanso se considerará tiempo de trabajo efectivo cuando así esté establecido o se establezca por convenio colectivo o contrato de trabajo.»

[50] El Tribunal cita expresamente la normativa y jurisprudencia comunitaria y en apoyo de su posición la SSTJUE de 9 septiembre 2003, C-151/2002 (TJCE 2003, 250), Asunto JAEGER, y de 21 de febrero de 2018, C- 518/15 (TJCE 2018, 5), asunto MATZAK.

nacional y no comunitaria, esta comienza y termina cuando el trabajador se encuentra en su «puesto de trabajo». Por lo tanto, se concluye aun reconociendo el deber del trabajador de dedicar su tiempo a las actividades realizadas de forma obligatoria e, incluso, de calificar el mismo como «tiempo de trabajo», éste no debe ser incluido en la jornada laboral[51]. Difícilmente puede contrariarse de forma más eficiente la doctrina judicial comunitaria (STSJ de Aragón, Sala de lo Social, núm. 15/2018, de 24 de enero).

En el sector ferroviario, al considerar ajustado a la ley el precepto del Convenio Colectivo que considera en los calificados como «viajes pasivos» de la tripulación personal ferroviario el periodo de tiempo transcurrido son horas de presencia, si el trabajador al no ser requerido por la merma en la tripulación activa en ese tren no desarrolla función alguna, momento en el cual estaríamos ante trabajo efectivo. Se olvida la concepción binaria, se admite el tercer género: tiempo u horas de presencia por mor de la regulación reglamentaria española que afecta al personal ferroviario, el ya citado RD 1561/1995, en sus artículos 8,9 y 13. Sin que se considere vulnere ni la doctrina TJUE al respecto ni la Directiva 2003/88, puesto que es de aplicación la excepción contenida en el art. 17.3 de esta[52] (SAN, Sala de lo Social, núm. 169/2022, de 19 de diciembre).

8.5.3. Sentencias que consideran la existencia de tiempo de trabajo y no de presencia

Se reconoce la existencia de tiempo de trabajo y no de presencia en las resoluciones siguientes en el ámbito de *los transportes por carretera*:

• Al contrario que otras resoluciones judiciales, se considera por aplicación del convenio colectivo tiempo de trabajo efectivo y no de presencia aquel que el conductor-perceptor de una compañía de autobuses de viajeros dedica no sólo a la reparación y conducción del vehículo, sino también el «tiempo de parada para cobro de billetes y control de viajeros, entrega de cuentas y recaudación en las oficinas de la compañía. Es decir, el tiempo que media

---

[51] La reflexión del tribunal merece su reproducción literal: «es un deber del trabajador que forma parte de su prestación o actividad laboral, al igual que la entrega de la recaudación, que se hace después del estacionamiento del autobús en cocheras, por lo que es indudable que ambas actividades son tiempo de trabajo —por mínimo que sea—, pero no necesaria o legalmente deben ser incluidas en la jornada laboral, sin perjuicio de negociación o Convenio».

[52] «(…), la distinción que se hace en el Convenio de aplicación entre horas de presencia y de trabajo efectivo, resulta amparada por los arts. 13 y por remisión de este 8 y 9 del RD 1561/1995, la cual tiene su razón de ser en la excepción contenida en el art. 17.3 de la Directiva 88/2.003».

entre la terminación del servicio de viajeros y la entrega de las cuentas en los centros de la empresa», puesto que estamos ante el viaje que el conductor-perceptor realiza entre el lugar en que termina el servicio de viajeros y el centro de la empresa no es un viaje sin servicio, que el Convenio considera como tiempo de trabajo de presencia, ya que en el mismo el conductor perceptor custodia y transporta al centro de trabajo de la empresa el importe de la recaudación del vehículo que acaba de dejar de conducir.» (STSJ de Andalucía, Sala de lo Social, núm. 211/2011, de 28 de abril).

- Es tiempo de trabajo y genera dieta el introducido por la <u>compañía de autobuses de línea</u> a sus conductores al estar obligados a recoger y retornar el autobús en la cochera para después dirigirse a la estación de salida para iniciar el servicio de viajeros o una vez finalizado éste (STS, Sala de lo Social, núm. de recurso 145/2010, de 17 de junio).

- Admitiendo la existencia de tiempo de trabajo efectivo en exceso y, por tanto, horas extraordinarias al conductor mecánico de <u>empresa de transporte de mercancías</u> que demostró a través del volcado de su tarjeta digital y el dictamen pericial anexo la existencia de tiempo de conducción no computados por la empresa (STSJ de la Comunidad Valenciana, Sala de lo Social, núm. 2572/2021, de 13 de septiembre).

- Conductor-perceptor de una empresa dedicada al <u>transporte de viajeros por carretera</u> se consideran como tiempo de trabajo efectivo y no tiempo de presencia, y, por tanto, se le reconocen las horas extraordinarias efectuadas en concepto de horas de presencia y de toma y deje contempladas en el convenio colectivo del sector de transporte de viajeros por carretera de los servicios de transporte regular permanente de uso general, urbanos e interurbanos de la Comunidad Autónoma de Madrid al considerarse que los mismos se encuentran dentro del concepto de tiempo de trabajo efectivo de los arts. 8.1 y 10, ap. 3, del RD 1561/1995 (STSJ de Madrid, Sala de lo Social, núm. 359/2021, de 14 de mayo).

- Es de acuerdo con el convenio de empresa y al art. 8.1 RD 1561/1995, tiempo efectivo de trabajo el de los conductores <u>de autobús de transporte por carretera de viajeros</u> destinado a la subida y bajada de viajeros dado que este tiene lugar «tras la toma el servicio, durante el mismo y hasta antes dejarlo.» (STS, Sala de lo Social, núm. de recurso 4/2013, de 26 de julio). No es, por el contrario, tiempo de trabajo efectivo y sí tiempo de presencia el 50 % del tiempo de espera de conformidad al convenio colectivo aplicable.

<u>En el sector del transporte aéreo</u>, la Directiva 2000/79/CE del Consejo, de 27 de noviembre de 2000, relativa a la aplicación del Acuerdo europeo sobre la ordenación del tiempo de trabajo del personal de vuelo en la aviación civil, admite como hemos advertido, la existencia de tiempo de presencia y se considera tiempo

de trabajo efectivo, las «imaginarias» de los TCP son tiempo de trabajo en cuanto que las mismas se llevan a cabo en el lugar predeterminado por el empresario, teniendo limitada la persona trabajadora su libertad ambulatoria Sentencia de la Sala de lo Social de la Audiencia Nacional de núm. 2/2023, de 16 enero)[53].

En el sector marítimo se consideran tiempo de presencia las horas reclamadas por los trabajadores empleados en barcos de remolque portuario tanto en el remolque principal   como en las que están «a disposición de la empleadora para acudir a la base, desde las 15 a las 8 horas del día siguiente y los fines de semana; dichas horas si bien no se conceptúan como tiempo efectivo de trabajo, cuestión no controvertida por la parte actora, si se consideran,… como "tiempo de presencia"» y como tiempo de trabajo efectivo «las horas de presencia realizadas por los trabajadores en el remolcador principal.» (STSJ de Cantabria, Sala de lo Social, núm. 873/2022, de 9 de diciembre).

8.5.4. Sentencias sobre existencia de tiempo de presencia o tiempo de descanso

La concurrencia de un tercer género alimenta la litigiosidad y la complejidad conceptual. De este modo, frente a simplicidad de la regulación general, cabe en este ámbito el conflicto a efectos de dirimir la existencia de tiempo de presencia o tiempo de descanso.

Aquí, el conflicto no surge por la determinación de la existencia de tiempo de presencia o tiempo de trabajo, sino por la fijación de un periodo de tiempo como tiempo de presencia y no tiempo de descanso, al reclamar el trabajador la retribución correspondiente al primero.

Sentencias que afirman la existencia de tiempo de presencia y no de descanso

Sector de transportes por carretera

- Es tiempo de presencia y no tiempo de descanso —equivalente al de «espera» en la terminología convencional— por incluirse dentro del concepto «comidas en ruta» tanto el tiempo dedicado por el conductor de autobuses de línea a la comida durante el trayecto en servicio hasta el destino, como aquel en el viaje y fuera del territorio nacional por la propia consideración convencional (STS, Sala de lo Social, recurso núm. 208/2011, de 16 de noviembre).

---

[53] Cita los casos MATZAK, DUBLIN CITY COUNCIL, y RADIOTELEVIZJA SOLVENIJA.

- Así en el supuesto Conductor-perceptor de una empresa dedicada al <u>transporte de viajeros por carretera</u> se considera probado a través de las declaraciones de los compañeros del demandante y de los partes de trabajo que el trabajador permaneció a disposición de la empresa en el tiempo que mediaba entre el servicio de ida y vuelta, ocupándose a requerimiento de la empresa, del desempeño de tareas mecánicas o burocráticas, acreditándose la existencia del tiempo de presencia reclamado y el derecho a su retribución (STSJ de Extremadura, Sala de lo Social, núm. 583/2017, de 26 de septiembre).

- El tiempo ocupado por el <u>conductor dedicado al transporte de mercancía por carreteras «durante los trayectos en ferry o transbordador»</u> acompañando su vehículo con estancia en su camarote desde debe ser considerado tiempo de presencia, como puesto que «el artículo 10.4 RD 1561/1995 no limita la disponibilidad del conductor a la respuesta a "posibles instrucciones que le ordenen emprender o reanudar la conducción", sino que extiende la disponibilidad a que el conductor tenga que "realizar otros trabajos", como disposición más favorable al trabajador por mor de la normativa comunitaria» (STS, Sala de lo Social, núm. 47/2024, de 11 de enero).

En el sector ferroviario,

- <u>Respecto al personal a bordo del transporte ferroviario,</u> tanto «el día de reserva, regulado en el art. 59.B) III 7 del convenio, como en las horas de presencia por averías que se contemplan en el art. 59.B) III 10, el trabajador se encuentra a disposición del empresario en las dependencias de la empresa o de la red ferroviaria en expectativa de dar cobertura a necesidades de servicio, las horas en ello invertidas son horas de trabajo y como tales deben ser consideradas a todos los efectos» (SAN, Sala de lo Social, núm. 122/2023, de 6 de noviembre[54]).

- Es de interés la SAN, Sala de lo Social, núm. 74/2014, de 10 de abril, al obligar a la empresa a reducir el tiempo de presencia en la misma proporción que el trabajo efectivo en los supuestos de reducción de jornada por razón de conciliación familiar con el fin de impedir la intrascendencia del derecho del trabajador ante la difícil delimitación entre el tiempo de presencia y el de trabajo efectivo[55].

---

[54] Con cita de casos MATZAK, JAEGER y DELLAS. «Esta conclusión, resultado de aplicar la jurisprudencia elaborada por el TJUE y por el TS que acabamos de indicar supone la inaplicación, por observancia del principio de interpretación conforme, del último párrafo del art. 8 del RD 1561/1995 sobre jornadas especiales, que dispone que las horas de presencia (en concreto las aquí controvertidas) no computarán a efectos de la duración máxima de la jornada ordinaria de trabajo.»

[55] Por su interés, reproducimos la argumentación de la Sala «(…) aunque sea cierto que las horas de presencia no forman parte de la jornada efectiva de trabajo, porque la finalidad de la reducción de jornada es asegurar el cuidado directo por parte del trabajador o trabajadora del menor de doce años o una persona con discapacidad

Sentencias que rechazan la consideración de tiempo de presencia y sí afirman la concurrencia de tiempo de descanso

En este apartado, aparecen algunas de las resoluciones judiciales más peculiares, cuya argumentación, en alguna ocasión, es comentada al apartarse de forma visible de la línea judicial comunitaria. Con toda rotundidad, se advierte aquí la no concurrencia del olvidado principio *pro operario*, la parte más débil, según la constante jurisprudencia comunitaria en materia de tiempo de trabajo.

En el ámbito del transporte urbano, de mercancías o de ruta de viajeros:

• Se rechaza la consideración como tiempo de presencia al no haberse acreditado la concurrencia de los requisitos propios para su concurrencia —«solo podrá reputarse como tiempo de presencia por razones de espera aquel en el que el trabajador se encuentre disponible; es decir, apto para entrar a prestar servicios de forma prácticamente inmediata»— los tiempos de almuerzo o de la hora de la comida en los que el sindicato reclamante considera que el conductor está al servicio de la empresa al realizarlo en ruta o misión o en el centro de trabajo (STSJ de Andalucía, Sala de lo Social, núm. 1278/2011, de 7 de julio).

• En interpretación del Convenio colectivo del Convenio Colectivo del <u>Sector de Transportes de Viajeros por Carretera</u> de Ciudad Real[56], no se considera tiempo de presencia el periodo que transcurre entre la finalización de un servicio y el inicio del siguiente que se materializa en ocasiones en rutas largos períodos de tiempo entre servicios, desde la llegada al punto intermedio hasta la hora del siguiente servicio, puesto que los trabajadores no están obligados a permanecer ni localizables ni a disposición de la empresa, sin el hecho de que permanezcan «en el interior del propio vehículo "en guardia y custodia del mismo", obste a tal solución pues nada de dicha labor se ha acreditado como de precisa instrucción del empresario, y su permanencia en el vehículo es por su propia conveniencia, pero sin que nada im-

---

física, psíquica o sensorial, que no desempeñe una actividad retribuida, o el cuidado directo de un familiar, hasta el segundo grado de consanguinidad o afinidad, que por razones de edad, accidente o enfermedad no pueda valerse por sí mismo, y que no desempeñe actividad retribuida. Dicha finalidad debe cohonestarse con el régimen especial de jornada, existente en la empresa demandada, en la que la frontera entre tiempo efectivo de trabajo y tiempo de presencia es extremadamente tenue, puesto que el tiempo de presencia se despliega normalmente fuera de la localidad donde los trabajadores tienen su domicilio, de manera que, si a los trabajadores o trabajadoras que reducen su jornada por los motivos antes dichos con la consiguiente reducción de su retribución, se les obliga a realizar íntegramente las horas de presencia, como si no hubieran reducido su jornada, se desequilibra de manera exorbitante la relación, pactada convencionalmente, entre jornada de trabajo efectivo y tiempo de presencia y lo que es peor se quiebra la finalidad de la reducción de jornada por estas causas.»

[56] BOP núm. 37 de 21 de febrero de 2014.

pidiera a los mismos no hacerlo, o dedicar dicho tiempo a cualquier otra actividad que tuviera por conveniente» (STSJ de Castilla-La Mancha, Sala de lo Social, núm. 1476/2018, de 13 de noviembre).

- De forma realmente controvertida, se considera como tiempo de descanso y no tiempo de presencia en el ámbito del transporte urbano de Barcelona el correspondiente a los «desplazamientos que en su caso realizan algunos conductores entre la parada o punto de relevo en el que finalizan el primer servicio y en el que inician el segundo servicio», al entender el tribunal que la brevedad de la distancia recorrida —aproximadamente un kilómetro y cuando es mayor la distancia se percibe un plus—, el tiempo invertido —unos veinte minutos—. Los trabajadores no se encuentran a disposición de la empresa y no está «obligados a estar físicamente presentes en el lugar que determine el empresario y a permanecer a disposición de éste para poder realizar de manera inmediata las prestaciones adecuadas en caso de necesidad». No obstante, la resolución reconoce que «el desplazamiento es consustancial a la actividad y la central sindical demandante señala con acierto que el conductor no dispone libremente de su tiempo porque debe desplazarse hasta el punto o parada en el que debe reanudar el servicio de conducción con la consiguiente inversión de tiempo que esto conlleva». Frente al irrefutable argumento del demandante, la argumentación recogida del Tribunal no se sostiene. Ni la breve distancia, ni el pago, ni el escaso tiempo invertido en la operación pueden obviar la clara naturaleza de ese espacio temporal como verdadero tiempo de presencia cuando tiene constreñida su voluntad a dirigirse al nuevo punto de parada determinado por la organización empresarial, careciendo de libertad para disponer de ese tiempo de otro modo (STSJ de Cataluña, Sala de lo Social, núm. 5046/2017, de 25 de julio).

- En igual sentido, la misma sala y tribunal considera[57] que no es tiempo de trabajo el intervalo temporal que el conductor del autobús urbano desarrolla como consecuencia «del desplazamiento desde la cochera a la que pertenecen y hasta el punto de relevo (y al revés) se considere tiempo de trabajo» concretándose en: «servicio que se inicia y finaliza en la cochera (…) : i) inicio de la jornada en la cochera y fin en un punto de relevo de la calle; ii) inicio en un punto de relevo de la calle y fin en la cochera; iii) inicio y fin en un punto de relevo de la calle». Puesto que los trabajadores «no están "a disposición" del empresario, no reciben órdenes del empresario, ni puede considerarse que permanezca en el trabajo o que estén en el ejercicio de su actividad, (…) no hay obligación de estar localizable» (STSJ de Cataluña,

---

[57] Con cita del caso TYCO.

Sala de lo Social, núm. 2376/2019, de 13 de mayo). Al igual que la anterior, la resolución es controvertida. El conductor carece de libertad para disponer de su tiempo, sencillamente se dirige al lugar que le ha fijado la empresa, la esfera de libertad existente en este intervalo temporal es mínima o inexistente.

- Conductores de autobuses de viajeros de líneas regulares en jornada de mañana o tarde de empresa municipal de transportes. No es tiempo de presencia, y obviamente tampoco tiempo de trabajo efectivo el del desplazamiento desde el punto desde el punto donde finalizan la conducción de la línea que tiene asignada y se efectúa el relevo por otro conductor y el del desplazamiento a cocheras, puesto que el mismo es consecuencia de un acto voluntario con el fin de recoger el vehículo propio en la plaza que la empresa les facilita sin que se encuentre a disposición de la empresa o se efectué tarea alguna, pudiendo disponer el trabajador de su tiempo libremente. Igualmente, no es tiempo de presencia el tiempo destinado al desplazamiento para la entrega de la recaudación dado que para ello se da un plazo de veinticuatro horas y si el trabajador se desplaza una vez terminada su jornada al centro de trabajo para ingresar aquella es por voluntad propia y sin que esté sometido obligación alguna (STSJ de Islas Baleares, Sala de lo Social, núm. 262/2022, de 10 de mayo).

En el sector del transporte aéreo, no es «permanencia», a pesar de la nomenclatura utilizada por alguna resolución judicial:

- No es tiempo de presencia, el de la «imaginaria» reflejado en el convenio colectivo para el personal TCP de vuelo de una compañía aérea conforme al cual el mismo se tiene que personar en el plazo de 60 minutos después de recibir el aviso, pudiendo efectuar la guardia fuera de los locales de la compañía. A fortiori tampoco es tiempo de presencia el de guardia denominado como de «retén» en la cual el plazo de incorporación de tres horas (STS, Sala de lo Social, núm. de recurso 94/2010, de 19 de enero del 2010).
- En el ámbito de personal de vuelo y pilotos afectos al servicio de guardacostas, se distingue conforme al convenio colectivo aplicable no ya entre tiempo de presencia y tiempo de trabajo efectivo, sino también se introduce un cuarto género, «tiempo de inmediata disposición». No es tiempo de presencia el de la guardia de localización no presencial (STS, Sala de lo Social, núm. de recurso 27/2008, de 27 de enero del 2009).

9. Breves Conclusiones

La lectura de la jurisprudencia comunitaria y española que hemos vertido en esta obra nos permite algunas reflexiones, la mayor parte de las cuales las hemos ido avanzando a lo largo de este texto.

Las conclusiones técnicas son bastante claras, la concepción binaria tiempo de trabajo/tiempo de descanso ha sido afirmada firmemente por el TJUE, imponiéndose a las consideraciones derivadas de la legislación nacional. Esto ha producido el necesario giro en la doctrina judicial española, al menos en la forma de articular la respuesta a los conflictos sobre tiempo de trabajo. Como en otras situaciones, hemos constatado la permanente inmersión del derecho español en el comunitario, pero también que tal asimilación se ha convertido un proceso largo y tortuoso con múltiples resistencias lo que provoca que la misma aún no ha finalizado.

Y es que la herencia y presencia del derecho nacional pesa. La vinculación de la percepción del tiempo de trabajo a la presencia en el puesto, propia de la legislación española, no ha sido abandonada por nuestros tribunales a pesar de la claridad de los términos del ordenamiento jurídico comunitario y de la propia evolución de nuestra normativa en aspectos tales como el teletrabajo. Ello conduce, en ocasiones, a resoluciones judiciales incoherentes con la realidad jurídica comunitaria o sencillamente a la aplicación de preceptos previstos para supuestos excepcionales en casos ordinarios, como el tantas veces citado art. 8 RD 1561/1995 y sus concordantes. Es imprescindible repensar y relaborar la normativa sobre tiempo de trabajo sobre los fundamentos de la doctrina comunitaria.

De hecho, hay cambios en la doctrina judicial que no se han producido. Los órganos judiciales españoles no han advertido la naturaleza de norma de seguridad y salud de la regulación sobre tiempo de trabajo. Y esta es un aspecto esencial. La negativa a incluir las normas sobre tiempo de trabajo en el campo de la prevención de riesgos laborales tiene derivadas de gran calado. Los tribunales españoles a la hora de dilucidar conflictos en esta materia no parten de la preeminencia del derecho del trabajador como parte más débil cuyas condiciones de salud son salvaguardadas por la normativa sobre tiempo de trabajo.

Los órganos judiciales de nuestro país asumen con naturalidad que la regulación de tiempo de trabajo es una condición más derivada de la relación laboral por la que la interpretación que se realiza en caso de conflicto, aun respetando, como es obvio, las salvaguardas legales y negociales, se aferra a una especie de equilibrio que abandona la posición tuitiva que caracterizaba el derecho español del trabajo y sigue caracterizando la postura judicial comunitaria. Escasísimas referencias existen en las resoluciones judiciales españolas a la seguridad y salud en el trabajo en los supuestos que hemos citado, frente a la presencia constante de este presupuesto en la doctrina judicial comunitaria.

De lo afirmado anteriormente, se derivan importantes consecuencias prácticas no favorables para la parte social. Concebido el tiempo de trabajo como una condición de trabajo más, la constante búsqueda de una solución «justa» a la luz del ideario de nuestros tribunales los lleva, eliminada de la ecuación la naturaleza preventiva de la norma y la consideración del trabajador como parte más débil, a soluciones que distan con mucho del espíritu y la letra del ordenamiento jurídico comunitario. Y es que se advierte que los tribunales españoles han puesto en juego al resolver estas cuestiones valores que no aparecen en la legislación comunitaria —como el de servicio público en el sector de ambulancias, el buen funcionamiento operativo y organizativo del servicio en otros casos—, volcando sobre el trabajador una serie de cargas que corresponden solventar a la empresa a través de la aplicación de más recursos o de una mejor organización. Late en el fondo de esas resoluciones una contemplación distante de la realidad de lo que significa para un trabajador la disposición de su tiempo al servicio de la empresa.

En realidad, existen dos filosofías diferentes, dos perspectivas distintas a la hora de contemplar el tiempo de trabajo. La comunitaria que no solo no abandona, sino que insiste para resolver en el desequilibrio de la relación laboral, en la propia razón de ser de la existencia del Derecho del Trabajo, su faceta protectora, más aún en lo que concierne a aspectos relacionados con la seguridad y salud del trabajador. Y la concepción del juez nacional español que no asume la normativa sobre tiempo de trabajo como parte del ordenamiento jurídico preventivo, y, en cambio, tal vez influido por un legislador que ya desde hace tiempo convirtió el Derecho del Trabajo en un instrumento al servicio de propósitos diversos, ha abdicado en esta materia de la interpretación a favor de la parte más débil en aras de un posicionamiento pretendidamente más equilibrado que tiene en cuenta aun de forma soterrada otros valores ya mostrados.

JURISPRUDENCIA CITADA

TJUE (Sentencias y Autos)

- STJUE, de 3 de octubre del 2000, C-303/98, asunto SIMAP.
- STJUE de 18 de enero del 2001, C-297/99, asunto SKILLS MOTOR CO-ACHES LTD.
- STJUE de 26 de junio de 2001, C-173/99, asunto BECTU.
- ATJUE de 3 de julio de 2001, C-241/99, asunto CIGA Y SERGAS.
- STJUE, de 9 de septiembre de 2003, C 151/02, asunto JAEGER.
- STJUE, Gran Sala, de 5 de octubre del 2004, asuntos acumulados C-397/01 a C-403/01, asunto PFEIFFER y otros.
- STJUE de 1 de diciembre del 2005, C14/04, asunto DELLAS.
- STJUE de 23 de febrero del 2006, C-46/05, asunto SIEMENSAG VERSUS GESELLSCHAFT FÜRVISUALISIERUNG UND PROZEßAUTOMATI-SIERUNG, MBH(VIPA).
- ATJUE de 11 de enero del 2007, C-437/05, asunto VOREL.
- STJUE de 29 de abril de 2010, C-124/09, asunto SMIT REIZEN BV Y MI-NISTER VAN VERKEER EN WATERSTAAT.
- STJUE de 14 de octubre del 2010, C-428/09, asunto ISERE.
- ATJUE, de 4 de marzo de 2011, C-258/10, asunto GRIGORE.
- STJUE de 15 de septiembre del 2011, C-155/10, WILLIAMS Y BRITISH AIRWAYS PL.
- STJUE, de 3 de mayo de 2012, C-337/10, asunto NEIDEL.
- STJUE, de 10 de septiembre de 2015, C 266/14, asunto TYCO.
- STJUE de 2 de marzo del 2017, asunto C-97/16, asunto JOSÉ MARÍA PÉREZ RETAMERO.
- STJUE, de 21 de febrero del 2018, asunto C 518/15, Caso MATZAK.
- STJUE, Gran Sala, de 4 de octubre de 2018, Caso C-12/17, TRIBUNALUL BOTOȘANI Y OTROS.

- STJUE, Gran Sala, de 14 de mayo del 2019, C 55-18, asunto CCOO Y DEUTSCHE BANK, S. A.
- STJUE, Gran Sala, de 9 de marzo del 2021, C-344/19, asunto RADIOTE-LEVIZIJA SLOVENIJA.
- STJUE, Gran Sala, de 9 de marzo de 2021, C-580/19, asunto STADT OF-FENBACH AM MAIN.
- STJUE, de 9 de septiembre de 2021, C-107/19, asunto DOPRAVNÍ POD-NIK HL. M.
- STJUE de 1 de diciembre del 2020, C-815/18, asunto VAN DEN BOSCH
- STJUE de 15 de julio del 2021, asuntos acumulados C-152/20 y 218/20, asunto GRUBER.
- STJUE de 8 de octubre del 2021, C 909/19, asunto UNITATEA ADMINIS-TRATIV TERITORIALĂ D.
- STJUE, de 11 de noviembre de 2021, C-214/20, asunto MG Y DUBLIN CITY COUNCIL.
- STJUE de 7 de julio del 2022, C-13/21, asunto INSPECTORATUL DE STAT PENTRU CONTROLUL ÎN TRANSPORTUL RUTIER (ISCTR).
- STJUE, de 7 de julio de 2022, C-377/21, asunto VILLE DE MONS.
- STJUE de 9 de noviembre del 2023, C-477/22, ASUNTO ARST SPA — AZIENDA REGIONALE SARDA TRASPORTI.

Tribunal Supremo (Sala de lo Social)

- STS, núm. 427/2002, de 11 de mayo
- STS, núm. de recurso 27/2008, de 27 de enero del 2009
- STS, núm. de recurso 160/2007, de 11 de febrero del 2010
- STS, núm. 208/2011, de 16 de noviembre
- STS, núm. de recurso 4/2013, de 26 de julio
- STS, núm. 316/2016, 21 de abril
- STS, núm. 246/2017, de 23 de marzo
- STS, núm. 338/2017, de 20 de abril
- STS, núm. 495/2018, de 10 de mayo
- STS, núm. 1008/2018, de 4 de diciembre
- STS, núm. 179/2019, de 6 de marzo
- STS, núm. 229/2019, de 19 de marzo
- STS, núm. 279/2019, de 3 de abril
- STS, núm. 605/2020, de 7 de julio
- STS, núm. 1076/2020, de 2 de diciembre
- STS, núm. 173/2021, de 9 de febrero
- STS, núm. 617/2021, de 9 de junio
- STS, núm. 147/2021, de 16 de diciembre

- STS, núm. 159/2022, de 17 de febrero
- STS núm. 280/2022, de 30 de marzo
- STS, núm. 763/2022, de 26 de septiembre
- STS, núm. 833/2022, de 18 de octubre
- STS, núm. 929/2022, de 22 de noviembre
- STS núm. 283/2023, de 18 de abril
- STS, núm. 221/2023, de 7 de junio
- STS, núm. 47/2024, de 11 de enero

Tribunal Supremo (Sala de lo Contencioso-administrativo)

- ATS de 9 de marzo del 2023, recurso núm. 8898/2021
- STS, núm. 295/2023, de 8 de marzo
- STS, núm. 394/2022, de 29 de marzo
- STS, núm. 600/2022, de 19 de junio
- STS, núm. 1042/2022, de 20 de julio
- STS, núm. 1315/2022, de 17 de octubre
- STS, núm. 295/2023, de 8 de marzo

Audiencia Nacional (Sala de lo Social)

- SAN, núm. 74/2014, de 10 de abril
- SAN, núm. 74/2015, de 27 de abril
- SAN, núm. 152/2022, de 22 de noviembre
- SAN, núm. 169/2022, de 19 de diciembre
- SAN, núm. 2/2023, de 16 enero
- SAN, núm. 54/2023, de 10 de abril
- SAN, núm. 75/2023, de 5 de junio
- SAN, núm. 122/2023, de 6 de noviembre

Tribunales Superiores de Justicia (Salas de lo Social)

- Andalucía
o   núm. 211/2011, de 28 de abril
o   núm. 1278/2011, de 7 de julio
o   núm. 562/2017, de 2 de marzo
o   núm. 1292/2017, de 27 abril
o   núm. 146/2018, de 25 de enero
o   núm. 969/2018 de 21 marzo
o   núm. 3668/2018, de 20 diciembre
o   núm. 2249/2021, de 14 de diciembre

- Asturias
o   núm. 1932/2020, de 10 de noviembre
o   núm. 1079/2022 y 1113, ambas de 31 de mayo

- Aragón
o   núm. 15/2018, de 24 de enero

- Baleares
o   núm. 474/2021, de 7 de diciembre
o   núm. 152/2022, de 18 de marzo
o   núm. 262/2022, de 10 de mayo
o   núm. 407/2023, de 11 de julio

- Cantabria
o   núm. 873/2022, de 9 de diciembre

- Castilla-La Mancha
o   núm. 1476/2018, de 13 noviembre
o   núm. 309/2019, de 28 febrero
o   núm. 1465/2020, de 16 de octubre
o   núm. 1742/2021, de 16 de noviembre
o   núm. 735/2022, de 21 de abril
o   núm. 1759/2022, de 11 de noviembre
o   núm. 1497/2022, de 16 de noviembre
o   núm. 1899/2022, de 2 de diciembre
o   núm. 472/2023, de 27 de marzo

- Castilla y León
o   núm. 589/2018, de 26 septiembre
o   recurso núm. 1698/2020 de 23 de enero del 2020

- Cataluña
o   núm. 323/2015, de 20 de enero
o   núm. 5046/2017, de 25 de julio
o   núm. 880/2019 de 18 febrero
o   núm. 2376/2019, de 13 de mayo
o   núm. 4393/2021, de 14 de septiembre
o   núm. 6818/2022, de 19 de diciembre
o   núm. 26/2023, de 25 de julio

- Comunidad Valenciana
o   núm. 1407/2017 de 29 mayo
o   núm. 2572/2021, de 13 de septiembre
o   núm. 1456/2022, 3 de mayo

- Extremadura
o   núm. 583/2017, de 26 de septiembre
o   núm. 241/2020, de 9 de julio
o   núm. 679/2022, de 14 de octubre

- Islas Canarias
o   núm. 158/2023, de 22 de febrero

- Galicia
o   núm. 2746/2017, de 23 de mayo
o   núm. 5195/2017, de 30 de octubre
o   núm. 33/2020, de 27 de octubre
o   núm. de recurso 4133/2020, de 8 de junio del 2021
o   núm. 412/2022, de 28 de enero
o   núm. 911/2022, de 23 de febrero
o   núm. 934/2022, de 24 de febrero

- La Rioja
o   núm. 239/2022, de 19 de diciembre

- Madrid
o   núm. 758/2018, de 14 septiembre
o   núm. 359/2021, de 14 de mayo

- Murcia
o   núm. 290/2017, de 15 de marzo

- Navarra
o   núm. 32/2021, de 4 de febrero
o   núm. 32/2023, de 26 de enero
o   núm. 54/2023, de 2 de febrero

- País Vasco
o   núm. 249/2022, de 8 de febrero

Acceso digital
colección

EL PAPEL DE LOS SINDICATOS COMO GARANTES DE LOS DERECHOS RECONOCIDOS EN LAS NUEVAS DIRECTIVAS
Autora: Yolanda Maneiro Vázquez
148 páginas / ISBN: 978-84-18433-77-1 / 20 € IVA incluido

REFORMAS Y RETOS LABORALES
Autor: Jesús Lahera Forteza
218 páginas / ISBN: 978-84-18433-90-0 / 22 € IVA incluido

INCAPACIDAD TEMPORAL Y ABSENTISMO LABORAL: PREVENCIÓN, CONTROL Y RETORNO AL TRABAJO. Premio Tesis Doctoral AEDTSS 2023
Autora: Maria del Mar Crespí Ferriol
312 páginas / ISBN: 978-84-18433-83-2 / 34 € IVA incluido

LA GOBERNANZA DE LOS DERECHOS DIGITALES DE LAS PERSONAS TRABAJADORAS
Autores: VV.AA.; Dirección: J. Eduardo López Ahumada
274 páginas / ISBN: 978-84-18433-84-9 / 34 € IVA incluido

EL RÉGIMEN JURÍDICO APLICABLE AL PERSONAL DE LAS EMPRESAS PÚBLICAS: ENTRE EL DERECHO DEL TRABAJO Y EL DERECHO ADMINISTRATIVO. Premio Tesis Doctoral AEDTSS 2022
Autor: Alfonso Esteban Miguel
240 páginas / ISBN: 978-84-18433-59-7 / 30 € IVA incluido

TIEMPO DE TRABAJO Y ECONOMÍA DIGITAL.
Limitación del tiempo de trabajo y garantía del descanso laboral
Autor: J. Eduardo López Ahumada
248 páginas / ISBN: 978-84-18433-62-7 / 30 € IVA incluido

SEGURIDAD SOCIAL E INTERVENCIÓN PÚBLICA EN AMÉRICA LATINA
Autores: VV.AA.; Director y Coordinación: J. Eduardo López Ahumada
142 páginas / ISBN: 978-84-18433-51-1 / 20 € IVA incluido

EL DERECHO DEL TRABAJO POSTPANDEMIA Y EL MODELO DE PROTECCIÓN LABORAL DEL FUTURO
Autores: VV.AA.; Director: J. Eduardo López Ahumada
226 páginas / ISBN: 978-84-18433-54-2 / 30 € IVA incluido

LECTURAS SOBRE EL DERECHO A LA NEGOCIACIÓN COLECTIVA LABORAL, 4.ª ed.
Autor: Javier Gárate Castro
248 páginas / ISBN: 978-84-18433-50-4 / 30 € IVA incluido

NEGOCIACIÓN COLECTIVA Y ECONOMÍA DE PLATAFORMAS
Una herramienta tradicional para nuevos modelos de negocio
Autores: VV.AA.
294 páginas / ISBN: 978-84-18433-44-3 / 35 € IVA incluido